suhrkamp taschenbuch 2483

Warum wir das Theater brauchen: Der Band versammelt Texte, mit denen sich führende Theaterleute zur gesellschaftlichen Notwendigkeit ihrer Kunst bekennen und dafür argumentieren, trotz reduzierter Etats der Kommunen und Länder festzuhalten an der Finanzierung der Stadt- und Staatstheater aus öffentlichen Mitteln. Vielerorts scheinen die Budgets der Bühnen von der Politik zur Disposition gestellt und wird die Schließung einzelner Häuser erwogen – allerdings nicht mehr in Berlin oder Eisenach, wo Theater bereits geschlossen wurden. Um so dringlicher ist es, die Theatermacher ihre Sache selbst vertreten zu lassen: weil es die Sache aller ist.

In seinem Essay fragt Peter Iden, was wir, was die Gesellschaft vom und am Theater haben, und antwortet: »Claus Peymann hat kürzlich in einem *Spiegel*-Gespräch sehr zu Recht darauf bestanden: ›Theater ist Utopie.‹ Tatsächlich hat es diese Qualität schon auf der Ebene seiner Produktionsweisen, ist Modell einer Praxis, die jedenfalls ihrer Idee nach auf den Gedanken kollektiver Arbeit gründet – als Chance und als Versprechen auf eine veränderte, gesellschaftlich keineswegs durchgesetzte Wirklichkeit... Den Theaterleuten das Recht auf das Institut Theater als Chance der Gewinnung besserer Aussicht zu bestreiten, hieße, uns selber zu berauben – um ein Potential an Phantasie und Antizipation, Einspruch und Kritik, Poesie und Realitätssinn, Amüsement und Anarchie, ohne das zu leben nicht gelingen kann.«

Die Autoren: Manfred Beilharz, Rolf Bolwin, Michael Eberth, Peter Eschberg, Jürgen Flimm, Ulrich Greb, Peter Iden, H.-Dieter Jendreyko, Ulrich Khuon, Michael Leinert, Alexander Pereira, Frank M. Raddatz, Friedrich Schirmer, Thomas E. Schmidt, Christoph Schroth, Johannes Schütz, Frank-Patrick Steckel, Peter Stoltzenberg, Klaus Völker, Eberhard Witt.

Warum wir
das Theater brauchen

Herausgegeben
von Peter Iden

Suhrkamp

Das Buch wurde gefördert aus Mitteln des Deutschen Bühnenvereins,
dem Bundesverband Deutscher Theater in Köln.
Umschlagfoto: Oliver Herrmann

suhrkamp taschenbuch 2483
Erste Auflage 1995
© Suhrkamp Verlag Frankfurt am Main 1995
Quellenhinweise am Schluß des Bandes
Suhrkamp Taschenbuch Verlag
Alle Rechte vorbehalten, insbesondere das
des öffentlichen Vortrags, der Übertragung
durch Rundfunk und Fernsehen
sowie der Übersetzung, auch einzelner Teile.
Satz: Hümmer GmbH, Waldbüttelbrunn
Druck: Nomos Verlagsgesellschaft, Baden-Baden
Printed in Germany
Umschlag nach Entwürfen von
Willy Fleckhaus und Rolf Staudt

1 2 3 4 5 6 – 00 99 98 97 96 95

Inhalt

Peter Iden

Vorwort

In den *Sechs Thesen zum deutschen Theater*, die den vorliegenden Band eröffnen, hat der Publizist Thomas E. Schmidt einige der Überlegungen zusammengefaßt, die er Anfang vorigen Jahres, als nach der Schließung des Berliner Schiller-Theaters der Streit um die Finanzierung der deutschen Stadt- und Staatstheater gerade einen ersten Höhepunkt erreichte, unter dem Titel *Die subventionierte Avantgarde* in der *Frankfurter Rundschau* veröffentlicht hatte. Auf jenen Text, der gegenüber dem tradierten Anspruch der Bühne, Schauplatz der Verhandlung gesellschaftlicher Fragen und ein Ort der ästhetisch sich formulierenden Utopie zu sein, erhebliche Zweifel geltend machte, hatten während der folgenden Monate in der Zeitung bekannte deutsche Theaterleute, Intendanten, Regisseure und Dramaturgen, mit eigenen Plädoyers für die (politische und ästhetische) Notwendigkeit von Theater geantwortet. Der Band bietet ihre Überlegungen dem Leser jetzt im Kontext dar: als Material für eine Debatte, die längst nicht abgeschlossen ist, sondern die Öffentlichkeit, wie inzwischen viele Fälle kulturpolitischer (Fehl-) Entscheidungen zeigen, noch länger beschäftigen wird.

Die hier zu Wort kommen, sind, mit wenigen Ausnahmen, durch ihre erfolgreiche Arbeit über viele Jahre bestätigte Protagonisten der deutschen Theaterszene. Wie Jürgen Flimm (Thalia Theater Hamburg), Frank-Patrick Steckel (Theater Bochum), Eberhardt Witt (Residenztheater München), Friedrich Schirmer (Württembergisches Staatstheater Stuttgart), Peter Eschberg (Städtische

Bühnen Frankfurt), Manfred Beilharz (Bonn) und Alexander Pereira (Oper Zürich) leiten sie große Häuser oder haben wie die Dramaturgen Michael Eberth (Deutsches Theater Berlin), Klaus Völker, Frank M. Raddatz und der Bühnenbildner und Regisseur Johannes Schütz (Bochum) auf die Programme ihrer Bühnen prägend Einfluß genommen. Mit Peter Stoltzenberg (Heidelberg), Christoph Schroth (Cottbus), Michael Leinert (Kassel) und dem gerade aus Konstanz nach Hannover gewechselten Ulrich Khuon beteiligten sich Intendanten der für die Struktur des Theaters in Deutschland besonders wichtigen mittleren Bühnen. Rolf Bolwin markiert die Position des Deutschen Bühnenvereins (dessen Direktor er ist), in dem die Träger und die verantwortlichen Betreiber der städtisch oder staatlich subventionierten Theater zusammengefaßt sind. Der in Basel lebende, vielerfahrene Schauspieler und Regisseur H.-Dieter Jendreyko, zugleich Gründer und Leiter einer Off-Bühne, des Basler OD-Theaters, und der junge, als Regisseur wiederholt auf der »freien Szene«, aber auch schon an größeren Häusern in Göttingen und Innsbruck hervorgetretene Ulrich Greb beschreiben aus einer gewissen Outsider-Situation, was sie in ihrer Arbeit motiviert und auch, vor allem Ulrich Greb, was sie gegen die Praxis an den Betrieben einwenden, die sie kennengelernt haben.

Die Plädoyers für die Notwendigkeit von Theater auch (und gerade) unter den Bedingungen enger werdender öffentlicher Etats argumentieren gesellschaftspolitisch (Schirmer und Raddatz, Steckel, Beilharz), sehen die Bedrohung des erinnerungsmächtigen Theaters als Gefahr für das wichtige, kritische Korrektiv einer Gesellschaft, die sich auf beinahe schon allen Lebensfeldern dem Totalitätsanspruch von »Gegenwart« unterwirft (Steckel). Andere Stimmen beschwören, oft mit dem Elan emphatischer Subjektivität, noch einmal gerade jene Unschuld des Theaterspielens, von der Schmidt behauptet, sie sei, nachdem jetzt das Symbolsystem des Sozialen nicht mehr ohne weiteres in eins zu denken sei mit der Kunst, für immer verloren. Viele der Möglichkeiten des Theaters werden dabei resümiert, von der Erkenntnis durch »literarisch durchleuchtete Geschichte« (Beilharz), die es befördern, bis zum Ärgernis, durch das es produktiv werden kann (Stoltzenberg); von den Reizen des »Zusammen-Erlebens« (Schroth) bis zu dem die »Dämonen verjagenden« (Flimm) Lustgewinn aus »chaotischen Reisen« (Eschberg). »Statthalter des Schwachen« sei das Theater, sagt Ulrich Khuon; und seine Zuschauer besetzend, verzaubernd mit der Wahrheit des Augenblicks, will es H.-Dieter Jendreyko. Das sind Sinn- und Liebeserklärungen in einem.

Allerdings, soviel alle dem Theater zutrauen, so unüberhörbar ist an den Texten auch eine Unzufriedenheit der Verantwortlichen selbst mit manchen Entwicklungen, die ihre Betriebe, wenngleich gegen bessere Einsichten und Absichten der Verantwortlichen, genommen haben. Daß Veränderung, und zwar inhaltlich wie strukturell-organisatorisch, sein muß, damit das Theater, dessen Thema und Praxis auf der Idee der Verwandlung gründet, weiter bestehen kann – daran kann gar kein Zweifel sein. Man muß aber wissen, was und warum die Anstrengung zu solcher Veränderung lohnt: Die Beiträge dieses Bandes sind Versuche, das zu ermitteln, darzulegen, festzuhalten.

Januar 1995

Thomas E. Schmidt

Sechs Thesen zum deutschen Theater

1. Vor kurzer Zeit wurde das Theater auf dem Markt sozialer Werte so niedrig taxiert, daß Widerstand gegen eine sachfremde Ordnungspolitik kaum noch möglich erschien. Glücklicherweise ist das vorbei; das System öffentlicher Kulturförderung ist nicht in Frage gestellt, die Verwaltung und Budgetierung der großen Staatstheaterbetriebe wird überdacht. Allerdings hat sich ein gewisses Unbehagen am heutigen Theater erhalten. Woher die Diskrepanz zwischen seinem Anspruch und seiner verhältnismäßig geringen Rolle in der Öffentlichkeit? Warum gelingt es dem Theater nicht mehr, sich als Kunstform in gesellschaftliche Belange zu mischen, wenn doch genau darin seine Hauptaufgabe liege, wie Theaterleute immer wieder betonen? Vielleicht ist ja diese Art des Realitätsbezugs, in der sich ein hartnäckiger Rest von moralischer Anstalt erhält, obsolet geworden?

Die Politik pocht inzwischen auf die Treuepflicht der Subventionierten. Dahinter steht auch der Wunsch nach Kunst, die im desintegrierten Gemeinwesen die richtigen, die bindenden Werte propagiert. Die prästabilierte Harmonie zwischen sozialer Relevanz und ästhetischer Autonomie von einst besteht aber nicht mehr, und das ist gut so. Die Ideengrundlage ist brüchig geworden, auf welcher der Turmbau der subventionierten Kultur errichtet worden war. Das Programm, mehr Theater sei auch mehr für die Gesellschaft, hat sich vermutlich totgespielt. Theater ist nicht von Natur aus mit dem optimistisch-sozialreformerischen Kulturbegriff der 70er und 80er Jahre verknüpft.

2. Theater sei »Utopie«, behaupten einflußreiche Theatermacher jener mittleren Generation, die nach '68 die Herrschaft über die kulturellen Einrichtungen errang. »Utopie«, das war der Zauber- und Kampfbegriff, der den Apparat bisher mit seiner Legitimation versorgte: Die Bühne als Anstalt der Menschen- und Gesellschaftsbildung. Theater war mehr als Bild dieser Vorgriffe auf eine bessere Zukunft, es wurde für die Vertreter des politisierten Kulturoptimismus zu so etwas wie der ersten Transmissionsmaschinerie im Lande. Regie, Spiel und Kritik flogen bald der Nimbus eines zentralen gesellschaftlichen Diskurses zu.

Nach 1968 spiegelte sich in der Idee einer gesellschaftsunmittelbaren Kultur das modernisierungsfreudige Selbstbild der Bundesrepublik. Unausgesprochen setzte diese Idee voraus, daß die technisch-ökonomische Modernisierung durch die ästhetische Moderne von ihren Nebenfolgen befreit und zum großen Reformprojekt zusammengeschmolzen würde: Das war der Fortschritt. In den technik- und wissenschaftsskeptischen Achtzigern verlagerte sich der Akzent ganz auf den Aspekt der Kulturalisierung. Das Egalitäre wurde zurückgenommen, der Optimismus blieb. Kunst verhieß ein Leben ohne Zwänge der Arbeitsgesellschaft, ein post-funktionales, post-politisches Dasein. Das bis heute unverwüstliche Paradigma des »Ästhetischen« entsprang nicht einer Trauer über das Uneingelöste von Reformpolitik und demokratischem Sozialismus, sondern der Überzeugung, Sozialreform via »Kultur für alle« doch noch realisieren zu können. Dazu mußte aus den Künsten eine linksliberale Multimedia-Strategie werden.

3. Eine starke Kulturwertegläubigkeit war vonnöten, um das Geschehen auf den Brettern, die die Welt immer nur bedeuteten, zur sozialen Praxis zu erklären. Um aus Theater »Utopie« zu machen, mußte man zuvor die Symbolsysteme des Sozialen und der Kunst vereinheitlicht, zwischen der Gesellschaftstheorie und dem Diskurs übers Schauspiel eine Homologie entdeckt haben. Diese ästhetisch-politische Identitätsphilosophie bewirkte, daß die Institution bis heute an einer normativen Nabelschnur gehalten wird – welche im übrigen auch die Illusion nährt, Theaterspielen sei auf privilegierte, gleichsam magische Weise mit den Ritualen der Gesellschaft liiert und könne diese schamanistisch-beschwörend verändern.

Etwas kommt hinzu: Theater ist eine öffentliche Kunst und bedarf eines Betriebes, einer Verwaltung, hoher Etats. Der Apparat eignete sich für den Marsch durch die Institutionen. Sich seiner zu bemächtigen, ihn autark zu machen war symbolischer Widerstand gegen eine Zeit, die Veränderungen nicht mehr zuließ. Das Staatstheater als Lebensform wurde in den 80ern beinahe zur betrieblichen Manifestation des Utopischen, Hort unentfremdeten Zusammen-Arbeitens, Stachel im Fleisch der fetten Ära Kohl, das kleine Dorf, eingezingelt von den Legionen der Unkultur und des Konsums. Dieses Selbstbild ist vielleicht sympathisch, entspricht aber nicht der Wirklichkeit.

4. Längst gelten die ökonomischen Imperative auch dort, wo der Mensch spielt und damit ganz Mensch ist. Ein Starsystem entstand in den Staatstheatern, der Gagen- und Abfindungspoker verstimmte des öfteren. Manche Häuser gerierten sich wie große Gastronomien mit angeschlossenem Spielbetrieb, andere in vorauseilendem Gehorsam schon wie Musicalabspielstätten. Entscheidend war gar nicht der sorglose Umgang mit öffentlichen Geldern, entscheidend war, daß dadurch der Heiligenschein der institutionalisierten Utopie verblaßte. Die Unschuld ist nun hin. Erst als das Theater seinen moralischen Kredit verspielt hatte und sichtbar wurde, daß es denselben bürokratischen Deformationen unterlag wie Parteien und Verbände, denselben marktwirtschaftlichen Korruptionen wie Fernsehen oder Film, konnten sich auch die Kosten-Nutzen-Rechner auf den Plan wagen; ebenso jene Sozialdemokraten, die Kunst zur Sozialarbeit verdonnern wollen.

5. Die bildende Kunst und die Literatur haben die erzwungene Versöhnung zwischen den Reden, die die Gesellschaft über sich hält, und den »handwerklichen« Diskursen der Kunstgattungen seit längerem aufgegeben. Deswegen sind sie nicht beliebig geworden. Sie sehen sich aber nicht mehr Normen ausgesetzt, die sie nicht erfüllen können oder wollen, kurz: Die Fallhöhe des Moralischen bedroht sie viel weniger. Und auch wo nicht ständig unter Laborbedingungen das Gesellschaftliche simuliert wird, kann Kunst die Wirklichkeit präzise treffen – und Wirkungen hervorrufen.

Natürlich gibt es nach wie vor überwältigendes, brillantes Theater – solches, das in der jeweiligen Inszenierung die politischen, kulturellen oder zivilisatorischen Illusionen, die eine Gesellschaft über sich hegt, dekuvriert oder der Lächerlichkeit preisgibt. Als Institution ist Theater allerdings selbst an der Produktion solcher kollektiver Illusionen beteiligt. Es ist ins Netz gesellschaftlicher Beherrschung verspannt. Man kann sich als Theaterkünstler ironisch oder sogar zynisch zum Kulturoptimismus verhalten, solange sich das Theater als Bollwerk des Guten versteht, tritt sein institutioneller Rahmen gegen die Sprengkraft des Ästhetischen als Puffer auf. Wo Theater weiterhin seine alten Allmachtsphantasien strapaziert, haben es die ästhetischen Provokationen schwer.

6. Gegenüber der ortlosen Ereignisflut der Medien verfügt Theater über die Stärke, erfahrbares Geschehnis zu sein. Jenen, die um seinetwillen am Abend zusammenkommen, vermittelt es Gegenwart auf unverwechselbare und unwiederholbare Weise. Dies ist die Dimension, in der das Theatralische »gilt«. Seine Zukunft liegt vermutlich in den überschaubaren Öffentlichkeiten, im Regionalen, im Städtischen – was nicht heißt, es würde darüber provinziell.

Auch wenn in Zukunft vielleicht etwas weniger Theater gespielt werden wird, die Szenarien einer dekulturierten, entzivilisierten Gesellschaft, die schon an die Wand gemalt wurden, sind bloße Apokalyptik. Keine entscheidende kulturpolitische Bastion ist geräumt, kein Kunstfrevel begangen, wenn auf die Differenz zwischen den künstlerischen Möglichkeiten des Theaters und seinem in die Öffentlichkeit vermittelten Selbstbild hingewiesen wird.

Peter Iden

Theater ist Utopie

Einige möchten das deutsche Theater jetzt gerne absa-
gen, wollen als Politiker den Bühnen die Subventionen
bis zur Funktionsunfähigkeit einschränken, die Ensembles auflösen (sie nicht länger »vorhalten«, wie Cohn-
Bendit, als seien Schauspieler die Artikel eines Warenla-
gers, das formuliert) oder finden es als Kritiker apart,
mit merklicher Genugtuung die *letzte Vorstellung* zu avi-
sieren.

Das Programm, »mehr Theater sei mehr für die Gesellschaft«, habe sich vermutlich totgespielt, konstatiert
etwa Thomas E. Schmidt. Dem ist zu widersprechen.
Was haben wir, was hat »die Gesellschaft« am (und vom)
Theater? Claus Peymann hat kürzlich in einem *Spiegel*-
Gespräch sehr zu Recht darauf bestanden: »Theater ist
Utopie.« Tatsächlich hat es diese Qualität schon auf der
Ebene seiner Produktionsweisen, ist Modell einer Praxis,
die, wie von Fall zu Fall mangelhaft auch immer, jedenfalls ihrer Idee nach auf dem Gedanken kollektiver Arbeit gründet – als Chance und als Versprechen auf eine
veränderte, gesellschaftlich keineswegs durchgesetzte
Wirklichkeit. Wo anders als am Theater basiert Produktion auf dem hier unbedingt notwendigen Zusammen-
wirken von Menschen unterschiedlichster Herkunft und
Interessenlage? Vom Dichter bis zum Friseur, vom Dramaturgen, Regisseur, Bühnenbildner über die Darsteller
bis zum Techniker, der den abendlichen Szenenumbau
verantwortet – wird die Orientierung auf das *eine* Produkt der Aufführung verlangt, an der sie alle, nach Bega-

bung und Fertigkeit jedes einzelnen, sich beteiligt wissen und beteiligt sind.

Daß es Bruchstellen gibt innerhalb dieses Modells, autoritäre Strukturen, falsche Hierarchien und schiefe Proportionen in Hinsicht auf erreichbare Vergünstigungen sich etabliert haben, Gerechtigkeit – wie in der umgebenden Gesellschaft – längst nicht durchgängig realisiert ist, steht außer Frage. Diese Defizite sind aber noch kein Einwand gegen das grundsätzlich jeder Theaterarbeit herausfordernd eingeschriebene Prinzip der gleichberechtigten Mitarbeit vieler an einem gemeinsamen Projekt, an jener *dritten Sache*, auf die Brecht, aber nicht nur er, alle am Theater verpflichtet sieht.

Im täglichen Betrieb der Bühnen ist der Weg oft weit bis zu diesem Ziel – gleichwohl schlägt das Theater ihn seinem Publikum an jedem Abend aufs neue vor, als Hoffnung immerhin, daß als veränderbar jedenfalls denkbar sei, was wir draußen als das unverändert Mangelhafte erfahren.

Es ist aber *Verwandlung*, als Idee wie als Praxis, überhaupt das Wesentliche an dieser Kunst. Nicht Apparate, sondern Menschen, die Schauspieler, bringen uns diese Verwandlung vor Augen. Und keine Strukturkrise vermag den Zauber der spielerischen Vorgabe außer Kraft zu setzen, es könne einer, wie Handkes Kaspar es zu buchstabieren lernt, »sein wie einmal ein anderer gewesen ist«. Das ist die älteste Verlockung, lebendig in jeder Gesellschaft und jeder Generation: Im Spiel die eigene Rolle, Funktion, Position aufzugeben, um zu empfinden, zu handeln und zu erscheinen als ein anderer. *Nur im Spiel*, mag man sagen, nur simulierend, mithin als Darsteller oder als Zuschauer nur kompensierend für einen

Wechsel, der im Leben so leicht niemandem fällt. Jedoch ist diese Simulation keineswegs nur schlechter *Ersatz*, in ihr enthalten ist vielmehr die prospektive Erinnerung daran, daß generell Verwandlung, Wechsel, Abschied von gestern, allen Beharrungskräften der Ordnungen entgegen, die wir vorfinden und die wir uns selber bauen, unabdingbar zu den Potentialen von Leben gehören.

Verwandlung, Mittel und zugleich Thema des Theaters, weist uns voraus auf das Uneingelöste an den Verhältnissen wie an uns selbst. Keine utopische Qualität? Nur wer nie fortwollte von sich selbst, zuschauend oder selber agierend nie der Verführung durch das Wunder der verwandelnden Maske erlegen ist, wird glauben können, das Utopische am Theater habe sich überlebt.

Dabei appelliert das Erlebnis von Theater glücklicherweise nur in den seltensten Fällen ausschließlich an den Intellekt. Es soll hier nämlich, das ist ein Teil des Versprechens, die Wahrnehmung fremder oder der für bekannt gehaltenen Welten auch Entertainment der Sinne sein, in dem zusammentrifft, was wir sonst immer trennen: Berührung durch das fremde Schicksal und das Staunen angesichts dessen, wozu Menschen im dramatischen Konflikt imstande sind, aber ebenso das Gelächter über das Maßlose ihrer Verirrung und die Bewunderung für den Leichtsinn, der sie veranlaßt hat. Kein »Diskurs« über Gegenwart und Zukunft der Bühne darf unterschlagen, daß Theater (mit einem Wort des ernsten Peter Stein) auch *Nachtgeschäft* ist; gespielt wird abends, Zeit der verwegenen Wünsche, der Träume, des Abenteuers.

Wer, was von den Bühnen zu erwarten wäre, nur definiert als Werbung für »die richtigen, die bindenden Werte« im desintegrierten Gemeinwesen (Schmidt), verfehlt bei weitem, was das Theater ausmacht als Schauplatz auch von Irrationalität, schönem Aberwitz, Geheimnis. Kein anderer Ort, der wie die Bühne programmatisch Raum gibt der Leidenschaft, der Überschreitung, der Emphase – aussterbend, wo auch sonst man sich umsieht.

Und die Bilder. Das Theater macht sich auch optisch seine Welt. Es verführt durch die Augen, ist eine *Schule des Sehens* (Bazon Brock). An den Bildern der Bühne läßt sich nämlich noch lernen, wie sonst nur in den Kompositionen der alten Malerei, daß die Chiffrierung von Realität in der Metapher, im Symbol, in der Allegorie ein Mittel der Erkenntnis, Hilfe zur besseren Durchdringung von Wirklichkeit sein kann. Für diese Formen gibt es sonst kaum noch einen Platz. In Zeiten, in denen jetzt die Bilder der elektronischen Medien uns bis an den Rand der Erblindung die Erfahrung von Wirklichkeit eher verstellen, können die Szenenbilder und Räume der Bühne uns die Augen offenhalten für das gerade nicht Erwartete, Absehbare, Eingängige: für das andere, die Gegenden, in denen wir niemals waren.

Menschen im Stand emphatischer Verwandlung. Bilder, in denen sie auftreten. Und reden: Wie es anders zu sehen lehrt, kann das Theater auch lehren, neu zu hören, zuzuhören. Es macht unser Reden, vergangene und gegenwärtige Sprache, die private und die öffentliche Artikulation von Gedanken und Empfindungen (und im Dialog den Streit darüber) zum Ereignis in einem jedermann zugänglichen Raum. Das Theater bewahrt Sprache als den verbindlichsten Ausdruck von Geschichte; und erinnert, im Sinne der Anmahnung, daß wir keinen falschen Frieden halten dürfen mit dem Vergangenen, weil so viel daran noch immer nicht erfüllte Hoffnung ist.

Im Reden der Figuren, die es ausstellt, behauptet das Theater, was wir da zu hören bekommen, als Vers oder in ungebundener Rede, als Poesie oder Prosa, von Dichtern gestern verfaßt oder heute, enthalte Auskünfte über unsere Herkunft oder unsere Existenz in diesem Augenblick, und vor allem: Wir hätten stets selber zu überprüfen, wieviel Wahrheit an dem ist, was uns vorgesagt wird von anderen. Das geht auf Einspruch, Widerspruch, Subversion. Noch in der turbulentesten Klamotte rumort zur abgründigen Verdächtigung des Scheins das Gebot, *nicht* einverstanden zu sein.

Das war der kritische Impuls des Theaters von Anfang an. Wer ihn jetzt wegreden will, verfällt zuallererst selber jenem Verdikt der Angepaßtheit, mit dem er das Theater zu treffen hofft.

Daß ihre physische Existenz auf Subventionen gründe, mache die deutschen Stadt- und Staatstheater abhängig, lähme zwangsläufig ihren kritischen Willen: Das ist, auf punktuellen Mißbrauch von Mitteln sich berufend, der schwächste Teil der aktuellen Einreden gegen das Theater. Es war aber, seit die attische Demokratie sich dazu verstand, ein Konsens der freien Gesellschaften, daß ein Forum des Einspruchs gegen den Gebrauch der Macht zum Selbstverständnis der Gemeinschaft gehöre, ja deren kritische Selbsterfahrung überhaupt erst ermögliche. Diktatoren halten sich und kontrollieren Theater zu einem ganz anderen Zweck. Elias Canetti hat das Störende beschrieben: Immer fürchtet die Macht die Kräfte der Verwandlung. In der Tat kann man fragen, was es für die deutsche Demokratie bedeutet, wenn jetzt begonnen wird, und zwar offenbar nicht nur einer Rezession wegen, dem Theater die Wirkungsmöglichkeiten zu beschneiden.

Dabei ist nicht zu leugnen, daß an manchen, zumal der großen Bühnen mit überzogenen Ansprüchen schlecht gewirtschaftet und gearbeitet wurde. Aber ebenso gewiß ist, daß an viel mehr Häusern zwischen Flensburg und Konstanz oder Aachen und Cottbus das öffentliche Geld *nicht* verschleudert, sondern mit Hingabe und heiligem Eifer Theater gespielt wurde und wird. Das Schlechte sind die Theaterleute im Begriff selber zu ändern: Sie dürfen dabei nicht nachsichtig vorgehen. Ihnen aber das Recht auf das Institut Theater als Chance der Gewinnung besserer Aussicht zu bestreiten, hieße, uns selber zu berauben – um ein Potential an Phantasie und Antizipation, Einspruch und Kritik, Poesie und Realitätssinn, Amüsement und Anarchie, ohne das zu leben nicht gelingen kann.

Frank M. Raddatz
Friedrich Schirmer

Wir sind kein
subventionierter Tingeltangel

Daß sich das Theater, ausgerechnet wenn die bewährten Wahrheiten des Sozialstaates ins Gerede kommen, auf »die Wiedergewinnung autochthoner künstlerischer Maßstäbe« konzentrieren soll – wie Thomas E. Schmidt vorgeschlagen hat –, hinterläßt einen faden Nachgeschmack. Auch daß einer der letzten öffentlichen Räume, der nicht von Kommerzstrukturen und den großen Interessenverbänden jeglicher Couleur kontrolliert wird, in den Zeiten der De- und Instabilität, die da ungebremst auf uns kommen, sich an »konsensfähige(n) Ideen« zu orientieren hat, gehört eher auf den Spickzettel yuppiesken Duckmäusertums als zur Ästhetik der Moderne. Als »vorbeugenden Gehorsam« identifizierte Peter Brückner diese Form der Reaktionsbildung, die in Deutschland traditionell die bürgerliche Tugend der Zivilcourage konterkariert.

Auch wenn Schmidt sein Plädoyer für eine neue Bewußtlosigkeit mit Anleihen aus der Theorie des autonomen Kunstwerks ausstaffiert, handelt es sich im Kern um eine Konzession an den zunehmenden gesellschaftlichen Konsens- und Anpassungsdruck. Der versprochene Zuwachs an ästhetischem Surplus ist rein spekulativ, ein Mehr an Diffusion und Einebnung von Differenzen dagegen garantiert. Doch selbst der schickste Konformismus muß dem Theater teuer zu stehen kommen, bleibt es doch seine entscheidende Komponente, daß in ihm als einzigem öffentlichen Raum andere bzw. abweichende Meinungen im Zentrum stehen.

Weder ist im Theater der neue Mensch zu sehen, noch kann es alternative Gesellschaftsentwürfe darstellen, aber es läßt das Verdrängte, das Ausgeschiedene, das Ohnmächtige und Ausgegrenzte nicht nur zu und sich artikulieren, sondern es wird ausdrücklich gewünscht, gelebt und erfahrbar gemacht. Claus Peymanns Wort vom »Theater als bezahlter Opposition« begreift die Subvention auch als Verpflichtung gegenüber den Ratlosen, die im offiziellen Meinungskanon nicht vorkommen. Diejenigen, die sich nicht mit dem zufriedengeben, was ist, die zweifeln, daß die Dinge so sind, wie behauptet wird – die Voraussetzung aller Kunst, sonst wäre sie Lobpreisung –, finden hier ein Forum.

Der Terminus der »sozialen Integration« verfehlt die theatralische Materie, wenn er als Vorgang der Vermittlung konsensfähiger Werte gedacht wird. Auf der Bühne wird beispielsweise Gewalt weder bekämpft, indem sie verschwiegen wird, noch indem Stücke gespielt werden, die darstellen, wie schrecklich es ist, wenn z. B. Jugendliche einen Lehrer verprügeln. Gewalt wird hier bekämpft, indem gezeigt wird, daß das, was zur Gewalt führt, also Arbeitslosigkeit, Unzufriedenheit, Unglück, kein Einzelschicksal ist. Was das Theater verhindert, ist die Individualisierung von Elend, die das eigentliche Ferment der wuchernden Gewaltbereitschaft bildet.

Im Gegensatz zu Fußballstadien sind Theater Orte der Demokratie, wo sich Menschen spontan versammeln können, um sich auszutauschen, einander zuzuhören. Daß dies rein quantitativ auf David-Niveau stattfindet, liegt in der Natur der Sache. Der von der Höhe der Einschaltquoten unabhängige öffentliche Raum Theater kontrastiert bewußt die Zersplitterung der Öffentlichkeit in der modernen Medienlandschaft, die demnächst auf mehreren hundert Fernsehkanälen jedem einzelnen – und irgendwo ist jeder eine/seine Minderheit – sein spezielles Meinungsmenü auch zur besten Sendezeit servieren wird.

Was das Theater tatsächlich als integrierendes Moment leisten muß, ist in einer zunehmend enthistorisierten Welt: *zu erinnern*. Jede Epoche, jede Generation muß den großen Menschheitsstoffen ihren eigenen theatralischen Atem mit ihren ästhetischen Mitteln einhauchen. Wenn das Theater nicht permanent beweist, daß diese Texte lebendig sind, dann werden unsere Nachfahren mit den darin enthaltenen Informationen bald nichts mehr anfangen können. Erst dann könnte die von Schmidt ängstlich beschworene Auflösung der geschichtlichen Einheit der Kultur faktisch werden. Sie aber würde nicht vom Sieg falscher Ideen über richtige, sondern von dem der virtuellen über die echte Wirklichkeit zeugen.

Im übrigen hinterlassen die hier angestellten Überlegungen an der Kategorie der Utopie im spezifischen Kontext der Theaterkunst nicht den leisesten Kratzer. »Lasciate ogni speranza« las Dante über die Pforte des Infernos. Stellen wir uns vor, dieses »Lasset alle Hoffnung fahren« wäre schon seit längerem in unsichtbaren Lettern über die Eingänge einiger Stadttheater gepinselt. Dafür gäbe es genügend gute Gründe. Sowenig es Fortschritt in der Kunst gibt, sowenig spendet sie Hoffnung. Weder die griechischen Tragödien, Shakespeares Königsdramen noch die deutschen Trauerspiele, die Texte Büchners und Becketts laden zu Versöhnung ein. Es sind

Geschichten der verpaßten Möglichkeiten, die demonstrieren, daß – egal wohin sich unsere Gesellschaft entwickelt – es keinen Weg zurück gibt.

Trotzdem geht von gutem Theater – und das gute entsteht leider nur neben dem schlechten – eine unheimliche Kraft der Ermutigung und Erneuerung aus. Der Impuls, Theater zu spielen, resultiert aus dem Wunsch, sich gegen den Tod aufzulehnen, sich nicht länger von der Todesangst lähmen zu lassen. Ohne den Tod zu verdrängen und ohne zu beten. Die Existenz des Todes wird anerkannt, selbst wenn der Schauspieler, wie bis weit ins letzte Jahrhundert üblich, dafür mit dem ewigen Leben bezahlt und nicht in geweihter Erde bestattet wird. Akzeptiert wird ein Tod, der endgültig und nicht erklärbar ist und vor dem wir alle Angst haben. Im Fernsehen und im Computer ist der Tod eine Banalität.

Im Theater wird der Augenblick des Todes gemeinsam als Schmerz, Trauer, Verzweiflung erlebt. Dieser Moment der Gemeinsamkeit, der Erfahrung mit seiner individuellen Angst nicht allein zu sein, zersetzt punktuell Todesangst und läßt Utopie als vom Bann des Todes befreites Leben aufleuchten. Um diesen Zipfel des Glücks zu erhaschen, muß man sich ins und im Theater bemühen. Noch in der düstersten Aufführung, die den Finessen und dem technischen Know-how ebenso wie dem ästhetischen Standard gegenwärtiger Rationalitäts- bzw. Zivilisationskritik entspricht, wird im Moment ihres Gelingens derart das Utopische spürbar.

In einer Zeit, in der Erfolg alles ist, hat das Theater die moralische Pflicht, all den Namenlosen, die »heute am Boden liegen« (Walter Benjamin) beizustehen. Die Parteinahme für die Verlierer mag den Siegern verdächtig erscheinen. Wer jedoch mit schein-demokratischen Argumenten für eine mehrheitsfähige Kunst votiert, erhebt die Demutsgeste gegenüber dem Bestehenden zur kulturellen Norm und beschleunigt das Umkippen des Zivilisationsprozesses in die Barbarei. Deswegen bleibt es dabei: *Weniger Kritik = mehr Kitsch!*

Frank-Patrick Steckel

Die »Gegenwart« ist zur Herrschaft gelangt

Eine Gesellschaft, der immer aufs neue und immer vergeblicher dargelegt werden muß, warum sie Theater »brauche«, eine solche »Gesellschaft« braucht kein Theater mehr. Es erscheint ohnehin unanständig, Künstler zu nötigen, sie selber sollten außerhalb ihrer künstlerischen Arbeit begründen, warum und wieso sie ihre Kunst für »relevant« hielten – ein Verfahren, welches in unserem Falle unweigerlich auf die fragwürdige These hinausläuft, daß, wer nicht regelmäßig ein Theater besuche, kein Mensch im tieferen Sinne sei. Jedweder Versuch einer Apologie des Theaters gerät unter diesen Voraussetzungen in Gefahr, zum Gerede zu verkommen.

Eine Gesellschaft nämlich, die ihren Selbstverständigungsprozeß durch Geldbewegung und Warenzirkulation ersetzt hat, eine Gesellschaft, die mit Millionen von arbeitslosen Menschen sich abzufinden bereit ist, anstatt im selben Augenblick ihren offensichtlich fatal gewordenen Arbeitsbegriff in Frage zu stellen, eine Gesellschaft, die dergestalt von politischer Mißwirtschaft, mangelnder Anschaulichkeit, radikalem Utopieverlust – sofern Utopie aus der strikten Differenz zum jeweils Bestehenden sich definiert – und bestenfalls einer soliden Gleichgültigkeit gegenüber der doch nicht änderbaren Welt (dem doch nicht änderbaren Menschen) gekennzeichnet ist, eine solche Gesellschaft verdient es nicht, Gesellschaft genannt zu werden. Sie desavouiert das Gesellschaftliche schlechthin.

Ihr gegenüber erscheinen daher auch entschiedene Abgrenzungsversuche als ebenso unsinnig wie all die neueren mehr oder weniger halbherzigen Sympathiebekundungen. Sie stellt ein nachgerade Spenglersches Untergangsphänomen dar, das Freund und Feind mit sich in den Abgrund reißt. Und noch die selbstbewußtesten »Kritiker« dieser ungesellschaftlichen Unordnung sind jener Einsteinschen Fliege vergleichbar, die in einem rasch dahineilenden Eisenbahnzug gegen dessen Fahrtrichtung fliegt.

Wir müssen erkennen, daß der zivilisatorische und der kulturelle Prozeß in den westlichen Industriegesellschaften nicht nur nicht identisch sind, sondern, im Gegenteil, sich mit zunehmender Schroffheit, ja Feindseligkeit gegenüberstehen. Es geht schon lange nicht mehr darum, vermittelst des Theaters innerhalb des Gegebenen eine Art Korrektiv zu bilden, an welchem das Gegebene seine Grenzen oder seine Bestimmung oder seine grundsätzlichen Aporien erfährt – solches mag der Fall gewesen sein, solange eine Gemeinschaft es für selbstverständlich und notwendig erachtete, ein Bild ihrer selbst zur Verfügung zu haben, einen Entwurf, wie illusionär und unhaltbar auch immer, in dem das Gegebene sich nicht nur spiegelte, sondern welcher das Gegebene übertraf, über es absichtsvoll hinausging und eben darum als wertvollster Besitz der Gemeinschaft galt. Und die stets schwierige Erschaffung wie Erhaltung dieses Entwurfs eine Sache war nicht nur der Dichter.

Diesen Zusammenhängen, deren wesentliches Merkmal Respekt vor dem Unbegreiflichen ist, verdankt das Theater seine Existenz, seinen Sinn, seine Berechtigung – Zusammenhänge, an denen gemessen schon Schillers

Begriff vom Theater als »moralischer Anstalt« unübersehbar spießig wirkt. Sie sind nunmehr ganz dahin. Die »Gegenwart« ist zur Herrschaft gelangt (die Zahl der Lebenden größer als die der Toten) und erstickt, ideologisch technologisch, was von ihnen in den alten und neuen Texten und Bildern aufgehoben ist. Die Texte nämlich werden nicht dümmer, nur unlesbarer für uns, die wir ihnen gegenüber dümmer geworden sind und noch werden. Dem Theater aber sind damit seine kulturellen und spirituellen Lebensgrundlagen entzogen, und keine noch so beredte und engagierte Beschwörung seiner geistigen Aufgaben, sinnlichen Beschaffenheiten, transzendierenden Energien vermag dieses wachsende Defizit auszugleichen. *Das* ist die Krise. Sie ist endgültig.

Der Umgang mit den Staatlichen Schauspielbühnen Berlins, sowohl von seiten der Künstler als auch von seiten der »politisch Verantwortlichen«, bewies dies schon sehr lange vor deren Schließung. Die Unverfrorenheit, mit der die dann ebenso folgerichtige wie zynische Besiegelung der Krise sich aber als notwendige Reform oder gar als Aufforderung zur »Kreativität« ausgibt, belegt nur, daß die geistige und kulturelle Krise eben äußerst umfassend ist und nicht nur (oder sogar recht spät) die Theater erfaßt hat. Es handelt sich zum eine europäische Krise, und keine noch so tapfere moralische Aufrüstung der »Festung Europa« vermochte es, darüber hinwegzutäuschen oder ihr gar abzuhelfen.

Dabei spielt es keine Rolle, ob die Theater gut oder schlecht besucht sind – in der Tat haben die politischen Agenten der Krise, in grotesker Irreführung »Kulturpolitiker« genannt, sich von derlei Einwendungen auch nirgendwo ernsthaft beeindrucken lassen. Ob »die Leute kommen«, ob nicht – die zunehmende kulturelle Agonie erfährt ihre nicht unerhebliche tagtägliche Kräftigung unter anderem durch die Behauptung, es sei im einen wie im anderen Falle in Angelegenheiten der Kunst auch nur das Allergeringste bewiesen oder beweisbar. Diese Behauptung ist im Gegenteil selbst Ausdruck des Verfalls eines Kulturbegriffs, der in bezug auf die Kunst seit geraumer Zeit ein notgedrungen aristokratisches Moment enthielt, welches eben gerade als solches zu seiner Popularisierung reizte. Auf dem Weg »nach unten« aber verändert das Ding sein Wesen wie sein Gesicht, was »ankommt«, ist etwas sehr anderes als dasjenige, was nun endlich, jahrhundertelang im Besitz und in der Reichweite weniger, den vielen habhaft gemacht werden sollte. Auch durch diesen Prozeß ist das Theater – oft ganz unfreiwillig – beschädigt worden. Das bürgerliche Trauerspiel bildet in ihm eine, allerdings unvermeidliche, Regressionsstufe. In Abwandlung eines Satzes von Spengler: »Durch das Geld vernichtet die Demokratie sich selbst, nachdem die Demokratie den Geist vernichtet hat.«

Immerhin besagte der Subventionsauftrag der Theater bis zu seinem gegenwärtigen Erlöschen, daß es im Kulturellen Dinge gibt, die den »Steuerungsmechanismen des Marktes« tunlichst entzogen werden müssen, sofern ihr Überleben auf dem Spiel steht. Auch diese Übereinkunft ist nun, wie zahllose andere, aufgehoben. Schon wünscht man manchmal, mit Sophokles zu sprechen, nicht geboren worden zu sein. Um noch einmal Spengler zu zitieren: »Die Zeit ist es, deren unerbittlicher Gang den flüchtigen Zufall Mensch einbettet, eine Form, in welcher der Zufall Leben eine Zeitlang dahinströmt, während in der Lichtwelt unserer Augen sich dahinter die strömenden Horizonte der Erdgeschichte und Sternengeschichte auftun.« Das ist die Perspektive, und sie ist theatralisch. Allein das Theater vermag heute, da und dort, die paradoxe Herausforderung noch zu empfinden, die ihr entspringt. Darin besteht seine Möglichkeit und sein Unglück.

Johannes Schütz

Welches Theater – das ist die Frage

Die Nachkriegsziele der Bundesrepublik schienen Ende der achtziger Jahre erreicht. In der ersten Hälfte der neunziger Jahre erweist sich dies, inklusive der Wiedervereinigung, als eine Illusion, es herrscht eine gesellschaftliche Stagnation, und die spiegelt sich auch in einer Stagnation des Theaters wider. Wie auch in anderen, im Vergleich zum Theater viel größeren Bereichen, der Massenarbeitslosigkeit, der Krise der Universitäten und Hochschulen, der Kontraproduktivität des Gesundheitswesens und dem Kollaps der Verkehrssysteme, stiftete kaum noch jemand inhaltliche Debatten, interessierten doch nur noch die Antworten auf die Fragen, wie man etwas finanzieren kann.

Die Gesellschaft schon der alten Bundesrepublik handelte in vielen Themenbereichen nach dem Prinzip des Monopoly-Spieles, d. h. schnöde ausgedrückt, die Dinge wurden nach Glück und Zufall entschieden, sofern sie bezahlbar waren. So leistete man sich seit Jahren Arbeitslose in 4-Millionen-Höhe, statt den Arbeitsbegriff neu zu definieren, per Gesetz das Recht auf Arbeit festzuschreiben, durch Investitionen zu ermöglichen, daß die Arbeitslosenzahlen sich reduzieren, und so kaufte man dann die ehemalige DDR auf, noch bevor sich irgendein Gedanke über mögliche Synergieeffekte bei der Zusammenführung unterschiedlicher gesellschaftlicher Systeme regen konnte. Man war sich der Vorteile des einen und der Nachteile des anderen Systems vergleichsweise sicher, so daß die Entscheidung von Bonn nach

Frankfurt in die Vorstandsetagen der Banken delegiert wurde, um sich hier die Machbarkeit der sogenannten Wiedervereinigung absegnen zu lassen.

Es fällt nicht sehr schwer, sich vorzustellen, daß, wenn in den letzten Jahren der Gesellschaft der Bundesrepublik weniger Geld zur Verfügung gestanden hätte, sie Lösungen dieser Probleme erarbeiten hätte müssen, statt sich mit dem Versprechen über die Finanzierbarkeit ruhigstellen zu lassen.

Weder fehlte es an populistischen Politikern, die diesen Ablaßhandel per Steuereinzug betrieben, noch hörte man bei der großen Gruppe der Zahlenden selten mehr als das Gestöhne über die zu hohe Steuerbelastung. Diese Allianz aus Steuerzahlern und Steuerverteilern verband der gemeinsame Konsens, möglichst allen Bedürfnissen weiterhin gerecht zu werden, bei gleichzeitiger Erhaltung und Berücksichtigung des bislang Erreichten. Besser läßt sich das Wort Stagnation nicht mehr beschreiben und gleichzeitig das gesellschaftliche Umfeld, in dem das Theater der Bundesrepublik in den letzten fünfzehn Jahren subventioniert und besucht wurde.

Dem Publikum müssen die Dinge gezeigt werden, die es woanders nicht sehen kann. Die zu ungenaue Sozialphrase alternder Musterschüler von der bösen Zeit, in der Erfolg alles ist, und dem Theater, das dann besonders die Pflicht hat, all den am Boden liegenden Namenlosen beizustehen, hat schon mindestens aus zwei Gründen keine Wirkung mehr beim Publikum. Erstens, weil sie am Kitsch erstickt, und zweitens, weil sie von der Überheblichkeit getragen wird, daß das Theater für Fragen dieser Art besonders zuständig sei, zumindestens mehr als andere Kunstdisziplinen.

Dahinter steckt die hausbackene Rechtschaffenheit vieler deutschsprachiger Theaterleute mit ihrer immer noch sehr skeptischen Einschätzung der sozialen Kompetenz und der gesellschaftlichen Breitenwirkung von Künstlern aus den Bereichen Film, Fernsehen, Photographie, Architektur, Video, Graphik- und Industriedesign, um nur einige zu nennen. Das Theater gilt vielen immer noch als einziger, wenn auch subventionierter Garant für Opposition.

Das jüngste Beispiel stellt ein Intendant eines großen Schauspielhauses dar, der allen Ernstes sein von Subventionskürzungen bedrohtes Theater mit der Prophezeiung schützen wollte, daß eine Einschränkung von Theatersubvention im Sprechtheaterbereich zwangsläufig ein Ansteigen von Rechtsradikalität zur Folge haben wird. Was die letzten neunzig Jahre angeht, widerspricht die Geschichte Deutschlands mit seinen vielen Staats- und Stadttheatern, der weltweit größten Theaterdichte, dieser Theorie: Deutschland hätte den Faschismus nie kennenlernen dürfen, im Gegensatz z. B. zu den angelsächsischen Ländern mit ihrem kaum vorhandenen Subventionstheater. Und in der Gegenwart ist doch das zeitgenössische Drama, das sich mit dem Phänomen Fremdenfeindlichkeit, Rechtsradikalität und Rassismus auseinandersetzt, im deutschen Theater kaum vorhanden. In neuen Texten findet eine Begegnung mit der Wirklichkeit selten statt, das deutsche Theater tut sich zunehmend schwerer, die Gegenwart, bevor sie nicht zur Geschichte erkaltet, abzubilden. Die wenigen Ausnahmen, die das Gegenteil beweisen, zwei Stücke über die Wiedervereinigung von Botho Strauß und Manfred Karge und ein anderes über Asylsuchende von Bettina Fless bestätigen doch eher die Regel.

Das Theater, das mit dieser Gegenwart sich beschäftigen könnte, wäre sicher ein Theater der vorläufigeren Mitteilungen, wäre breiter absetzbar, sowohl an den gebildeten Besucher, der während der Vorstellung den griechischen Text mitliest, bis hin zum Touristen, der mehr oder weniger zufällig vom Hotel ins Theater geht. Die meisten Aufführungen schaffen es, wenn überhaupt, nur einen von beiden anzusprechen. Die Theater sollten da von der jüngeren Entwicklung der Museen lernen. Der Konflikt besteht darin, das Buch zu verteidigen, ohne die Unterhaltung anzugreifen.

Dabei muß das gute alte Stadttheater auch schon in mittelgroßen Städten gegen ein vielfältiges Angebot nach 19.30 Uhr konkurrieren. Die Angstchimären Kino und Fernsehen hat es mehrere Jahrzehnte erfolgreich überstanden, aber in der gegenwärtigen Freizeitgesellschaft – nie zuvor stand sowenig Arbeitszeit soviel Freizeit gegenüber – scheint sich die Gruppe derjenigen, die regelmäßig ein Theater besuchen, von wenigen Städten abgesehen, ständig zu verkleinern. Dies trifft nicht zu für einige Metropolen, die boomenden Festivals und Festspiele.

Die Probe für das Theater bestünde doch darin, jetzt die Produktionsstätten, d. h. die Theater selber, wieder leistungsfähiger zu machen. Dreißig Jahre alte Reformpläne werden aber zur Zeit nur aus Rationalisierungsgründen ins Gespräch gebracht. Die bald 25 Jahre alte *Schaubühne* in Berlin hatte doch für die Organisation und die Struktur des deutschen Sprechtheaters, solange noch genügend Geld zur Verfügung stand, das Stadt- und Staatstheater zu subventionieren, genausowenig Folgen wie die Umwandlung der Brüsseler Oper *La Monnaie* vom Repertoiretheaterbetrieb zum Ensuite-Theater, vor zwölf Jahren von Gerard Mortier durchgeführt, für das deutsche Opernhaus.

Den Aufführungen dieser beiden Theater billigte man, meistens zu Recht, Avantgardefunktion zu, ohne daß man sich weiter mit den organisatorischen Strukturen, die diesen beiden Häusern zugrunde lagen, beschäftigen wollte. Es war doch voraussehbar, daß ein Ensemble von ca. zwanzig Schauspielern, das vielleicht vier Produktionen pro Spielzeit erarbeitet, die es dann vor dreihundert bis vierhundert Zuschauern am Abend spielt, leistungs- und forschungsfähiger sein würde als der Prototyp des deutschen Staatstheaters mit bis zu 120 Ensemblemitgliedern und fünfzehn bis zwanzig Neuproduktionen jährlich.

Das gilt für die Oper verschärft, denn wer interessiert sich noch für die zehn Jahre alte Inszenierung, in der seit acht Jahren die Sänger, die abends singen, morgens vom Regieassistenten eingewiesen werden. Und das sind, etwas zugespitzt formuliert, die Realitäten des Repertoirealltags vieler deutscher Opernhäuser.

Dagegen stünde ein Opernbetrieb, in Deutschland außer in Frankfurt sonst kaum betrieben, der eine Aufführung unmittelbar nach der Premiere in derselben Besetzung vielleicht zwölf- bis fünfzehnmal spielt und dann die nächste Produktion vorbereitet. Dies Opernhaus hat natürlich nicht vierzig bis sechzig verschiedene Stücke im Repertoire und spielt auch nicht dreihundert Vorstellungen im Jahr, nur wird es mit seinen hundert Vorstellungen sicherlich den Schwierigkeitsgraden der Stücke und den gestiegenen Qualitätserwartungen eines zeitgenössischen Publikums eher gerecht.

Was inzwischen in den Städten Amsterdam, Brüssel

und Paris funktioniert, wird in Deutschland, oftmals noch in kleineren Städten, mit dem Angstphantom »Kulturabbau« verhindert.

Die Parallelen zwischen dem Sprechtheater und dem Musiktheater sind groß. Die raren Ausnahmen wie das *Deutsche Theater* in Berlin, die Münchner *Kammerspiele* etc., die es noch gibt, beweisen auch hier die Regel, daß fast alle Repertoiretheater in ihren Produktionsweisen den meisten Ensuite-Theaterbedingungen längst unterlegen sind.

Fängt man nicht an, über die bestehende Theaterstruktur ab sofort nachzudenken, wird das Geld, das zur Verfügung steht, zunehmend weniger wert, denn die immer teurer werdenden Institutionen der deutschen Staats- und Stadttheater werden auf absehbare Zeit keine wesentliche Subventionserhöhung erhalten. Der Anteil an Forschung, Erfindung und Innovation (das Wort »Experiment« gilt ja nur noch als Schimpfwort) wird zunehmend kleiner. Das deutsche Repertoiretheater reproduziert momentan, was es kann, erfindet aber fast nichts Neues mehr. Ablesbar ist das jetzt schon an dem Bedeutungsschwund von ehemals wichtigen Theatern wie Ulm, Bremen, Wuppertal, Kassel und Darmstadt.

Da spielt es dann schon keine Rolle mehr, wie gut oder schlecht das Theater besucht ist, wieviel Monate Ferien im Jahr und wieviel Schließtage es in der Woche haben darf. Wenn das Theater sein jetziges Publikum überleben will, dann muß es sich um den Zustand seiner Institution kümmern, die mögliche Weiterentwicklung wird von den gewachsenen Institutionen weitgehend weggefressen.

Würde man die Schließung des *Schillertheaters* als sehr einfaches Theaterstück aufführen wollen, dann wären zwei Rollen zu besetzen, die des kulturell verwahrlosten Politikers und die des sorglosen Theaterschaffenden; die beiden würden zeigen, wie man gemeinsam die letzten anderthalb Jahrzehnte lang ein Theater betrieb, das, von einzelnen Produktionen abgesehen, gar nicht funktionieren konnte, um es dann zu schließen.

Es gibt mehr *Schillertheater*, als man denkt.

Das Bild vom klagenden Subventionskünstler, dem in Zeiten sogenannter Rezession die Mittel gekürzt werden, ist weit verbreitet, trotzdem hätte die längst fällige Organisationsreform im deutschen Theater nicht erst im Zusammenhang mit Sparmaßnahmen durchdacht werden dürfen, auch wenn sich herausstellen sollte, daß die arbeitsfähigeren Modelle auch die kostengünstigeren sind.

Käme eine Gesellschaft zu dem Schluß, sie benötige keine Theater mehr, müßte sie dieses selber begründen; es kann nicht die Aufgabe der Theaterleute sein, sich selbst zu legitimieren. Möglicherweise hätte das Theater es in einer solchen Gesellschaft, die sich vom Theater verabschieden würde, sofort einfacher, sich zu formulieren.

Der momentan kursierende Kulturbegriff beschreibt nichts anderes als ein Gewohnheitsrecht, über das man nicht debattieren würde, hätte man nicht den Eindruck, es sei etwas zu teuer geworden. Da unterscheidet sich die Situation des Theaters allerdings nicht von anderen Problemfeldern dieser Gesellschaft.

Vielleicht müßte man die Frage, warum wir ein Theater brauchen, ehrlicherweise neu formulieren; viel entscheidender ist, *welches* Theater wir brauchen.

Manfred Beilharz

Kollektives Selbstbewußtsein

Wenn man derzeit Zeitungen aufschlägt, bekommt man manchmal den Eindruck, das deutsche Theater sei daran schuld, daß in Deutschland die öffentlichen Finanzen nachhaltig zerrüttet sind. Wie lächerlich: 0,2 Prozent aller öffentlichen Haushalte werden für die 60 000 am deutschen Theater Beschäftigten ausgegeben, 80 Prozent der Künstlergagen liegen unter dem üblichen Einkommensdurchschnitt in der Bundesrepublik: irgend etwas kann also nicht stimmen. Auch die zehn Spitzengagen, über die sich die Öffentlichkeit erregt, sind im Vergleich zu dem, was die Wirtschaft oder staatliche Institute für Manager mit ähnlicher öffentlicher Verantwortung und vollem Erfolgsrisiko bezahlen, vergleichsweise bescheiden.

In dieser Zeit, die uns in sprunghafte, unvermutete politische und gesellschaftliche Veränderungen zieht, die uns zwischen Krieg, Elend, überraschenden Chancen und gewaltigen Demokratisierungsbewegungen in Atem hält, die das vereinigte Deutschland und das zusammenwachsende Europa zu großen Aufgaben macht, möchte ich das Theater als Spiel-Raum des Innehaltens, der Sensibilisierung und des Wechsels der inneren Optik verstehen. Hier wird literarisch durchleuchtete Geschichte sichtbar und die Imagination der Utopie. Hier ist ein Forum für neue Ideen und Sehweisen, ein Spielplatz der kontroversen Lebensauffassungen, ein Ort des gegenseitigen Begreifens, aber auch der Darstellung des Fremden, Unerklärlichen, ein »Laboratorium sozialer Phantasie«.

In Zeiten der Krise ist ein Forum wie das Theater, auf dem öffentlich über uns und unsere Situation nachgedacht wird, unverzichtbar.

Diese Position war in der Bundesrepublik und in der DDR bisher unbestritten. Theater hatte in beiden Teilen Deutschlands einen hohen Stellenwert. Doch jetzt, fünf Jahre nach dem Fall der Mauer, kann man den Eindruck bekommen, als sei das Theater – nimmt man beispielsweise die Schließung des *Schillertheaters* – nur eine Bastion kultureller Hochrüstung im Kampf der Ideologien gewesen. Überspitzt gefragt: Verdankte die Theaterkunst das Wohlwollen der Mächtigen auf beiden Seiten der Mauer nicht einer wirklichen Überzeugung, sondern nur ihrem Propagandawert? Max Weber meinte am Anfang unseres Jahrhunderts: »Wenn der Kapitalismus einmal gesiegt hat, braucht er den Beistand des Geistes nicht mehr.« Abgesehen davon, daß ich Theaterarbeit nicht *immer* mit »Geist« gleichsetze und auch andere Institutionen zur Hervorbringung und Verbreitung dieser seltenen Ware für zuständig halte, sei die Frage erlaubt: Sind wir jetzt soweit?

Kann sich das zweitreichste Land der Erde diese Haltung erlauben? – Betrachte ich die internationale Theaterszene, fallen mir völlig widersprüchliche Fakten auf: Seit sich in den USA das »American Arts Council« aus der öffentlichen Finanzierung von Theatern zurückgezogen hat, wurden in der letzten Saison am Broadway nur noch drei Schauspiele aufgeführt, während es 1980 noch etwa 50, im Jahre 1927 aber 187 Stücke jährlich waren; der Rest sind Musicals. In Rußland, das im Augenblick sicher mit wesentlich mehr ökonomischen Problemen als Deutschland und die USA zu kämpfen hat, leisten sich

Stadtparlament und Staat allein in Moskau weiterhin die Finanzierung von ca. 80 öffentlichen Theatern, die einen hohen Prozentsatz an zeitgenössischen Stücken spielen. Der naheliegende Einwand: gerade weil sich Rußland unter anderem so etwas »Unproduktives« wie Theater leistet, geht es den Amerikanern gut, den Russen schlecht, zieht nicht. Immerhin hat nach dem Krieg die Entscheidung, Kultur und Theater, ähnlich wie die Universitäten, Schulen und Kirchen, öffentlich zu finanzieren, Deutschland (und Europa) im Vergleich zu den USA auch ökonomisch weitergebracht.

Nehmen wir noch das Beispiel Tschechien: Dort – in einem ehemaligen Land des Ostblocks – ist die Arbeitslosenrate im Vergleich zu allen anderen Staaten Europas am niedrigsten (2,3 Prozent!), die Steigerung des Bruttosozialprodukts am höchsten: auch dank ausländischer Investitionen. Und das, obwohl in diesem Staat der Staatspräsident Vaclav Havel, der Präsident des Parlaments Ude, Botschafter und Botschafterinnen in Deutschland und Österreich nicht etwa Wirtschaftler oder Berufspolitiker sind, sondern überwiegend sogenannte »unpraktische« Idealisten – nämlich Dramatiker, Lyriker und bildende Künstler, die die Geschicke des Staates lenken. Der tschechische Staat investiert im Augenblick 9 Prozent (!) seines Staatsbudgets in Kunst und Denkmalpflege: das internationale Geld sucht das künstlerisch durchsetzte Biotop, den kulturell-politisch-ethischen Nährboden, um zu investieren. Beweist dieses Beispiel, daß die Kultur ein viel wichtigerer Standortfaktor für die Wirtschaft ist, als viele heute wahrhaben wollen?

Die Weltöffentlichkeit hat nach dem Krieg die Bundesrepublik als einen Ort erlebt, wo man nicht nur Geschäfte zu machen verstand, sondern wo Kultur und Weltoffenheit einen Stellenwert hatten. Verabschiedet man sich aus dieser Tradition, hat das verheerende Folgen nicht nur für die Kultur. Wenn es die Überzeugung für die Notwendigkeit von Kunst nicht mehr gibt, wenn man sagt, alles, womit man Gewinne erzielen kann, ist unterstützenswert, alles andere nicht, dann wird das Klima in diesem Land sehr eisig. Und es wäre ein Rückschlag für ein wesentliches Element dieses Staates, der ja speziell auf dem Gebiet der Kulturförderung beispielhaft in Europa und in der Welt geworden ist. Das hat uns nach dem Krieg viel Vertrauen gebracht. Wir haben es heute wieder nötig.

Das Theater, das ich meine, spielt gegen das Vergessen, für die Erinnerung; gegen die Oberflächlichkeit, für die Erkenntnis; gegen die Langeweile, für den Genuß. In einer Zeit, in der zum ersten Mal weltumfassend eine Zivilisation ohne den künstlichen Gegensatz feindlicher Blöcke besteht, muß das Theater um so mehr als individueller Ort der Einrede gegen die computergesteuerte Megagesellschaft verteidigt werden. Wir brauchen das Theater als das Medium, das den Menschen als eigenverantwortliches Individuum aufwertet und Verständnis für andere Denkungsweisen in anderen Kulturen öffnet.

Die Frage, wieso sich die russische Öffentlichkeit so stark für das zeitgenössische Theater engagiert und warum in Moskau und Petersburg, obwohl man eigentlich andere Sorgen hat, die Theater teilweise so voll sind, beantwortet unser russischer »Biennale«-Pate, der Dramatiker Viktor Slawkin, mit der einfachen Gegenfrage:

»Welchen anderen Weg gibt es, angeschlagenes kollektives Selbstbewußtsein und verlorengegangene Würde wiederzufinden?«

Michael Eberth

Vom sprachlosen Richter

*»Jede Epoche, der ihre eigene Vergangenheit in einem
solchen Maße fragwürdig geworden ist wie der unseren,
muß auf das Phänomen der Sprache stoßen: denn in der
Sprache sitzt das Vergangene unausrottbar, an ihr scheitern alle Versuche, es endgültig loszuwerden.«*

Hannah Arendt

Die »Kulturrevolution« der siebziger Jahre, die den Hel-
den der westlichen Theaterwelt ihre Legende gab, hat die
Zerstörung des Kanons der tradierten Bühnensprachen
mit sich gebracht: der Handwerkskünste des Sprechens
und der gebundenen Bewegungsabläufe des Fechtens,
Tanzens und all der andren historischen Zwängeformen.
Dieser Formenkanon, als »Sprache der Vorzeit« der
Lüge verdächtigt, wurde weitgehend abgeschafft. (Un-
vergeßlich, wie Ende der 70er Jahre in einem Theatropro-
jekt mit dem Titel *Mit tränenüberströmtem Gesicht*, das
dem Aufspüren wahrer Empfindung geweiht war, einer
der Schauspieler seinen Zuschauern eine Fotografie hin-
streckte, die ihn in einer Provinztheater-Inszenierung als
Posa zeigte, und sie dazu aufforderte, sich über seine
verkrampften Posen lustig zu machen. In solchen Ritualen der Selbstbezichtigung hat das Theater damals die
»Sprache der Väter« exorziert.)

Als ein Jahrzehnt später gegenüber den fremden Theo-
rien, die die Väter-Sprachen ersetzten, erste Skepsis auf-
kam, wurde das Wahre im Eignen der Seele gesucht. Die
Schauspieler machten sich auf die Suche nach dem »in-

neren Punkt« und verschwanden, da dieser ein bloßes Phantom ist, mehr und mehr in sich selbst. So verloren die primären Sprachen der Bühne zunehmend an Glanz. Und die sekundären von Licht, Bild, Tanz, Raumformen trumpften zunehmend glanzvoll und herrscherlich auf. Da sich die Suche nach dem Unsagbaren hinzog und hinzog (es treibt nur der Blick in den Abgrund zurück ins Erzählen, doch der wurde angstvoll vermieden), fand in der Schauspielerei eine Zellteilung statt. Während die Seele weiter mit dem Verborgenen korrespondierte, präsentierte der Leib im Stolz auf die in seinem Inneren ablaufenden Selbsterkundungsprojekte eine sich ständig verfeinernde hochprätentiöse Allüre.

Anders im Osten. Wo das Unsagbare kenntlich war als das von der Politik Tabuisierte, waren Skepsis und Widerstand nicht gegenüber den Sprachen der Künste, sondern gegenüber den Verhältnissen in der Gesellschaft angebracht. Die Handwerkskünste des Ostens haben deshalb ihren hohen Standard bewahrt. In der »System-Zeit« war Handwerk als Maske von Nutzen. Im »Schutz der Profession«, in der Maske ausgeklügelter Formen, konnte das Tabuisierte trotzdem zum Vorschein gebracht werden. Solche hoch entwickelte Professionalität unterliegt dabei permanent der Gefahr, zur bloßen Geläufigkeit zu verfallen, in der sich Handwerk selbstredend reproduziert. Wo nicht ständig die Reibung am Unsagbaren gesucht wird, kann hohes Handwerk zum »Schutz vor Erkenntnis« verkommen, zur Allüre, die Bedeutendes bloß prätendiert.

So verfügt das wiedervereinigte deutsche Theater über zwei von Grund auf verschiedene Theatersprachen, die ihre Ausformung beide im Ringen um etwas Unsagbares fanden. Und im Scheitern daran. Ihr Handicap bleibt, daß sie sich der einzigen Kraft, die sich selbst ihre Sprache schafft, der subversiven Kraft des tabuisierten Gefühls, allzu erfolgreich verweigert haben.

Werden sie standhalten, unsere Theatersprachen, wenn eines Tages die Gefäße aufplatzen, in die wir all das Unsägliche weg-gesperrt haben, von dem wir um unseres Wohlergehens willen nichts hören, nichts sehen, nichts wissen wollen? Und wenn wir zu spüren bekommen, »daß unser kleines Haus wie auch das Haus der Welt von Gewalten abhängt, die wir nur geringstenteils beherrschen können und größtenteils erdulden müssen«, wie Botho Strauß dies im *Gleichgewicht* sagt? Nazi / Stasi / Verrat unter Stalin – wie lange können wir noch damit fortfahren, unsre zerbrochenen Lebenslinien aus den Sprachen von Akten zu rekonstruieren, weil uns der Mut und die Liebe fehlen, uns auf den Weg in den eigenen Abgrund zu machen, in dem sich auch das, was wir selbst nicht erleben mußten, in Bildern, in Klängen, in Schreien, im Klagelaut unterm Schweigen versammelt und angestaut hat? Weil Sophokles dem Theater seinen *Ödipus* vorgesetzt hat, wissen wir, daß die an ihrer Unaufrichtigkeit dahinsiechende, von falscher Legende verblendete Gesellschaft ihre Krankheit nur überwinden kann, wenn einer, der Künstler, für alle den Blick in den Abgrund riskiert.

»Eines der vielleicht letzten großen literarischen Wagnisse dieses Jahrhunderts«, wird uns zur Zeit in den Buchhandlungen mitgeteilt, sei das gewaltige Text-Kompilat, das Walter Kempowski vor kurzem unter dem Titel *Echolot* auf den Markt gebracht hat. Die Worte offenbaren eine fatale Verwirrung unsrer Begriffe. Kempowskis

Werk ist in der Tat ein herausragendes, bewegendes, ein epochales Erzeugnis. (Wie wäre es künftig um unser Gedächtnis bestellt, brächten nicht Werke wie dieses die Strahlkraft auf, unsre Erinnerung von all den Parasiten erklärender Begriffe zu befreien, die sich mit ihren Saugern über unsre Nerven und Sinne gelegt und sie fühllos und taub gemacht haben?) Aber Literatur? Als eine ins eigene Sprechen gefaßte Erfahrung? Und ein Wagnis? Gibt es gegenüber der Vergangenheit etwas anderes zu wagen als den Versuch, ihr mit der Waffe der eigenen Sprache entgegenzutreten?

Am Ende dieses Jahrhunderts werden wir Deutschen wohl feststellen müssen, daß es weniger die Sprachen der Künste waren, die das Echolot in die Abgründe jener düstren Störungen warfen, in der so viele unsrer heutigen Störungen ihre Wurzeln haben, als die sekundären Sprachen der Wissenschaften. Wir haben gesichtet, wir haben gewertet, gewichtet und analysiert, wir haben im Schutz von Begriff und Methode das Unerträgliche in die bequeme Entfernung gebannt, in der es, behandelt, nicht schmerzt. Aber haben wir wirklich gewagt, so tief ins Vergangene abzutauchen, daß es uns drinnen die Sprache verschlagen hätte – um eine neue entstehen zu lassen, die uns dem Unbeschreiblichen näherbrächte? Kempowski hat die Sprachen von damals gesammelt, zusammengelesen. Wie aber würden wir *heute* von damals erzählen? Wie vieles von dem, was die Worte von damals noch immer verdammen, müßten wir heute, begreifend, verzeihend, ganz anders zum Ausdruck bringen? Wir suchen uns die Bilder der verschwundenen Menschen aus Akten zusammen, weil wir es zu ihren Lebzeiten versäumt haben, ihnen ihr Schicksal/Verhängnis aus Augen und Seelen zu lesen. Und die »wahren« Geschichten liefert uns Hollywood. (Daß das amerikanische Kino mit seinen Erzählstandards wieder und wieder unser Gedächtnis kolonisieren kann, wie wir es zur Zeit mit *Schindlers Liste* erleben, indem es die Bilder übertüncht, die wir, so ist doch zu hoffen, vom Unvorstellbaren in uns haben entstehen lassen, man würde gern sagen: geschieht uns nur recht! Der »leere Raum«, den Spielbergs Film sich erobert, er hätte von unseren eigenen Bildern besetzt werden müssen. Daß wir den dunklen Teil unsrer Lebensgeschichte nur im Spiegel der Augen von Fremden erleben können – wie wird uns dies weitere Versäumnis eines Tages zu schaffen machen!)

Weil das Drama des Lebens zu jeder Tragödie das Schelmenstück liefert, dürfen wir Deutschen zur Zeit damit rechnen, daß uns nach dem Dauer-Angeklagten und Dauer-Verteidiger Richard von Weizsäcker als künftiges Staatsoberhaupt ein Richter ins Haus steht. »Daß aber der durch sein Gewissen Angeklagte mit dem Richter als eine und dieselbe Person vorgestellt werde«, hat uns der Philosoph Kant für einen solchen Fall hinterlassen, »ist eine ungereimte Vorstellungsart von einem Gerichtshofe; denn da würde ja der Ankläger jederzeit verlieren«. Wird ein solcher oberster Richter jener lange ersehnte Freisprecher sein, der uns erlösen kann von der lästigen Frage, ob es irgendwann einmal etwas gegeben hat in der deutschen Geschichte, was in uns weiterwirkt und was wieder und wieder zur Sprache gebracht werden muß, damit wir unser inneres Gleichgewicht wahren? »Die zwiefache Persönlichkeit, in welcher der Mensch, der sich im Gewissen anklagt und richtet, sich selbst denken muß«, ergänzt Kant in einer Fußnote, »dieses doppelte

Selbst, einerseits vor den Schranken eines Gerichtshofs, der doch ihm selbst anvertraut ist, zitternd stehen zu müssen, andrerseits aber das Richteramt aus angeborener Autorität selber in Händen zu haben, bedarf einer Erläuterung, damit nicht die Vernunft mit sich selbst gar in Widerspruch gerate.«

Dem Theater braucht um seine Legitimation niemals bange zu sein. Die »geistigen Bruchstellen«, durch die das Tabuisierte uns weiter und weiter bedrohen wird, sie sind durch den Einsturz unsrer Gesinnungs- und Schutz-Systeme schon vorgekerbt. Wenn sie dann eines Tags brechen werden, jene Gefäße, in die wir die bedrohliche Erinnerung eingefaßt haben: Wer sollte uns dann die Liebe tun, uns vor den Fluten zu schützen – wenn nicht Theater?

Rolf Bolwin

Überwindung der Sprachlosigkeit

Es ist schon ein wenig paradox. Über Jahrzehnte war die Kultur Bindeglied zwischen der DDR und der alten Bundesrepublik. Hüben wie drüben berief man sich auf Goethe und Schiller, pflegte Beethoven, Bach und Händel. Der Kulturaustausch nährte das zarte Pflänzchen deutsch-deutscher Verständigung. Wechselseitig luden sich die Theater zu Gastspielen ein. Deutsche West applaudierten Künstlern Ost und umgekehrt. Beide deutsche Staaten wetteiferten miteinander bei der Pflege und Weiterentwicklung deutscher Kultur. Kaum jedoch soll zusammenwachsen, was zusammen gehört, ziehen Gewitterwolken auf am blauen Kulturhimmel. Zunächst war man noch großzügig, der Bund stellte dreistellige Millionenbeträge für die Kultur der neuen Bundesländer zur Verfügung. Die alten Länder blieben beim Länderfinanzausgleich unter sich, behielten also die Finanzausstattung, die sie auch bisher zur Verfügung hatten.

Die Vereinigung des Landes und der Zusammenbruch der DDR haben zu einer weitgehenden Veränderung der bis 1989 bestehenden Ausgangslage geführt. So ist nicht nur die Konkurrenz der politischen Systeme entfallen, sondern die Nachkriegsgesellschaft der Bundesrepublik, geprägt durch die auch für Kunst und Kultur bitteren Erfahrungen aus der Nazizeit, wird ersetzt durch eine Gesellschaft, in der die spezifischen Probleme der Vereinigung und die daraus sich ergebenden innen- und außenpolitischen Veränderungen in den Vordergrund treten. Diese Entwicklung, gekoppelt mit einer zunehmenden Verknappung der öffentlichen Haushaltsmittel, hatte für die Kultur im allgemeinen und für das – mit hohen Personalkosten verbundene – Theatersystem im besonderen ein Legitimationsvakuum zur Folge. Auf dieses Vakuum waren die Theater ebensowenig wie andere Kultureinrichtungen vorbereitet. Doch nicht nur das. Von dem zunehmenden Legitimationsdefizit wurde oft dadurch abgelenkt, daß man sich in der öffentlichen Debatte auf Themen konzentrierte, die das Theatersystem seinerseits noch zusätzlichen Angriffen aussetzte, die jedoch andererseits nur begrenzte oder schwer realisierbare Lösungsansätze aufwiesen.

So wurde beispielsweise die Behauptung aufgestellt, 85 Prozent der Theaterkosten würden für den »Apparat« ausgegeben, nur 15 Prozent dienten der Kunst. Dies erwies sich als unhaltbare These, da durchschnittlich fast die Hälfte aller Theaterausgaben auf das künstlerische Personal entfällt und auch andere Ausgaben sehr wohl direkt der Kunst zugute kommen. Darüber hinaus ist ohne Werkstätten (keine Kosten der Kunst?), Kartenverkäufer sowie Bühnenarbeiter ein Theaterbetrieb gar nicht aufrechtzuerhalten. In der öffentlichen Beurteilung führte die genannte These zu einer vollständigen Fehleinschätzung der Theaterausgaben.

Ein anderes Beispiel dafür, daß die öffentliche Debatte jenseits des genannten Legitimationsdefizits geführt wurde, ist die Zuspitzung des Themas Tarifverträge. Es besteht kein Zweifel daran, daß das am Theater geltende Tarifsystem einer Korrektur bedarf; der Deutsche Bühnenverein hat dazu detaillierte Vorschläge unterbreitet. Dabei darf jedoch nicht übersehen werden, daß eine Reihe von Problemen hausgemacht ist. Vornehmlich in den größeren Häusern wurden innerbetriebliche Vereinbarungen getroffen oder haben sich Bühnenbräuche entwickelt, von denen nicht selten viel weitergehende Einschränkungen der Arbeitsabläufe ausgehen als von den Tarifverträgen. Nur mühsam setzte sich also die Erkenntnis durch, daß die ausgehandelten Tarifverträge oft nicht einmal ausgeschöpft werden.

Schließlich leisteten auch Teile des Feuilletons ihren nicht unerheblichen Beitrag zur Fehlleitung der Debatte. Manche zweifelhafte These, etwa von Roberto Ciulli in Sachen Tarifverträge, wurde bereitwillig aufgenommen, ohne sie einer sorgfältigen Recherche zu unterziehen. Von einer Analyse der tatsächlichen, korrekturbedürftigen Fehlentwicklungen, die an einzelnen Theatern festzustellen sind, wurde Abstand genommen. Hinzu kam, daß man jenseits des unbestrittenen Rechts der Aufführungskritik das deutsche Theater eines Mangels an künstlerischen Impulsen bezichtigte, ein in dieser Form nicht haltbarer Vorwurf, der denen Argumente lieferte, die das Theatersystem und seine öffentliche Finanzierung grundsätzlich in Frage stellten. Dieser Vorwurf war vor allem dann besonders verhängnisvoll und letztlich unpolitisch, wenn er unter Verkennung des eintretenden Legitimationsvakuums mit der noch pauschaleren Feststellung verbunden wurde, das traditionelle Stadt- und Staatstheater habe sich überholt.

Da es gegenwärtig darum geht, das deutsche Theatersystem, gründend in den Prinzipien des Ensembles, des Repertoires und der öffentlichen Finanzierung, zu erhalten, war es unter den gegebenen Bedingungen für den Deutschen Bühnenverein geboten, die Initiative zu ergreifen. Dies geschah vor allem durch die Vorlage einer

Reihe von auch selbstkritischen Grundsatzpapieren, mit denen der Deutsche Bühnenverein aber vor allem auf die an den Theatern bestehenden Probleme aufmerksam machte, um sowohl den Rechtsträgern als auch den Theatern die Möglichkeit zu eröffnen, konkrete Schritte der Selbsthilfe einzuleiten. Gleichzeitig forderte der Bühnenverein jedoch die Sicherung der öffentlichen Finanzierung, da gerade sie für die grundgesetzlich garantierte Kunstfreiheit sorgt, gerade sie also das künstlerische Experiment und damit auch einen künstlerischen Neuanfang, dort wo er denn erforderlich ist, erlaubt.

Diese so vom Deutschen Bühnenverein ergriffene kulturpolitische Initiative zur Verbesserung der Theaterstruktur verfolgt jedoch ein weiteres Anliegen, nämlich das eines Versuches, die zuweilen zwischen der Kultur und Politik festzustellende Sprachlosigkeit zu überwinden. Denn das Theater kann auf die Frage, warum wir es brauchen, noch so gute Argumente nennen, sie helfen nicht weiter, wenn sie die Politik nicht erreichen oder nicht zu überzeugen vermögen. Ich stimme Wolfgang Thierse insofern zu, wenn er in einem Interview mit dem vom Deutschen Bühnenverein herausgegebenen Theatermagazin *Die Deutsche Bühne* die Künstler auffordert, ihre »eigentümliche Distanz zur Politik« zu überwinden. Das allein ist jedoch nicht Sache der Künstler. Es ist auch Aufgabe der Politik, sich derart zu öffnen, daß der Künstler – zumindest in seiner ureigensten Sache, nämlich der Kunst – einen Raum findet, sich politisch zu artikulieren.

Von einer solchen Öffnung kann so lange nicht gesprochen werden, solange – zuweilen vorurteilsbelastet und ohne die notwendigen Detailkenntnisse – pauschal über die Kunst geurteilt wird und sie zum Gegenstand überzogener Haushaltskürzungen oder übereilter Strukturentscheidungen gemacht wird. Voraussetzung ist also nicht nur, daß sich die Künstler mehr als bisher daran gewöhnen müssen, die für ihre künstlerische Arbeit notwendige öffentliche Finanzierung auch politisch zu legitimieren. Voraussetzung ist vielmehr auch, daß es die Politik versteht, wenn Künstler ihre künstlerischen Freiräume reklamieren, daß die Politik diese Freiräume will, daß Politiker nachvollziehen können, was George Tabori meint, wenn er das Theater als Fitneß-Center für die Sinne und Gefühle und als Schlüsselloch zu unseren eigenen Geheimnissen bezeichnet, daß Politiker in ihrer Stadt einen Ort des gemeinsamen Nachdenkens und Erlebens wollen, daß Politiker ein Theater in ihrer Stadt wollen, das mit einem eigenen Ensemble, mit Künstlern, die das Geistesleben der Stadt bereichern und in die Stadt integriert sind, Kunst produziert, daß Politiker sich schließlich auf die Liebe zur Kunst und zu den Künstlern einlassen. Erst wenn Politik und Kunst so wieder aufeinanderzugehen, wenn sie sich gemeinsam bemühen, sorgsam mit den ihnen anvertrauten öffentlichen Kultureinrichtungen umzugehen, wird es ein Legitimationsdefizit für Kunst und Kultur nicht mehr geben.

Jürgen Flimm

Die Dämonen verjagen

Das Wetter ist trüb in Hamburg, der liebgewonnene Regen nieselt, alles wie gehabt. Die Premiere gestern war erfolgreich, die Leute haben gejubelt, die Aufführungen sind voll, 25 000 Karten mehr verkauft als voriges Jahr um dieselbe Zeit, als das Wetter trüb war und der Regen nieselte. Diesmal nicht beim Theatertreffen, wir können in Ruhe nach Sizilien fahren, *Alice im Bett*, das Stück von Susan Sonntag, in Messina spielen. Die Schauspieler arbeiten morgens, nachmittags, abends und nachts. In der Direktion rauchen die Köpfe, nervöse Gespräche über die nächste Saison, welches Stück? mit wem, wer spielt? Wie lange können wir probieren? Die Dramaturgen layouten das neue Spielzeitheft.

Eigentlich ist also alles wie immer. Wie immer um diese Zeit, wenn der Regen nieselt und die Hamburger Frühjahrswinde zu wehen beginnen. Uns geht es gut, wir haben unser Auskommen und unsere schöne und anstrengende Arbeit. Und die Leute kommen; die Zuschauer mögen uns und gegenüber nun auch das neue *Deutsche Schauspielhaus* unter der Intendanz von Frank Baumbauer. Warum also haben wir eine Krise? Warum also lesen wir nun täglich in den Gazetten, daß es uns schlecht gehe, daß wir aus dem Tritt gekommen seien? Daß wir aufgeschreckt unseren Sinn suchten? Ja, ich weiß, wir sollen sparen, ein elendes, leidiges Thema, das werden wir tun, und basta! Wir werden bis an die Grenzen dessen gehen, was die Vielfalt unserer Theater ausmacht: unser Repertoire, Literatur. Und irgendwann werden die Politiker sagen, was sie müssen, und dann müssen wir sagen, was wir noch können. Und die Politiker, die weiß Gott genug Probleme am Hals haben, sind auch nicht immer so doof, wie manch einer das gern hätte.

Wo liegt also das Problem? Keine Innovation! rufen die einen. Keine neuen hochaufragenden ästhetischen Zeichen! jammern die andern. Aber die Leute kommen. Mehr denn je, wenn man den Statistiken Glauben schenkt. Haben denn die, die nun die Sinnlosigkeit und Leere beklagen und gleichzeitig vor jedem noch so blödsinnigen Einfall jubelnd auf dem Rücken liegen, tatsächlich geglaubt, das Theater reite vor den Wellen des Zeitgeistes? War es denn je – wenn das nicht schon der Widerspruch ist – institutionalisierte Avantgarde? Freilich gab es hie und da Feuerköpfe, die mit jugendlicher Kraft Altes einrissen und Neues errichteten: Klaus-Michael Grüber und Peter Stein zum Exempel. Aber das Alte war lange da: und hinfällig. Es bedurfte lediglich eines Anstoßes. Freilich tappen wir durch die mühsame Ebene. Und viele von uns zerren das damalige Neue wie alten Hausrat hinter sich her. Und manche wie auf der Flucht.

Hieße es da nicht einmal innehalten, ausatmen und nachdenken: was wir nun wollen, beladen mit den Erfahrungen der langen Jahre? Um uns herum die technische Glitzerwelt und das Elend der Rezession: wird so die Ebene zum Tal? Aber die Leute kommen.

Es wird uns bedeutet, wir hätten die Zeit des Innehaltens nicht: keine Pause! Auf, auf, vorwärts und vergessen, neu und hopp. Und es wird gefordert – als ob wir alles schon wüßten –, wegweisende Ästhetik, moralische

Richtungskompetenz, soziologischer Aufriß; sonst aber nichts wie weg mit der überflüssigen Geldvernichtungsmaschine, Tand, Tand ist das Gebild' aus Menschenhand! Aber die Leute kommen.

Woher sollten gerade wir wissen, was ja doch niemand weiß: Wie bilden wir dieses taumelnde Land ab, das sich erst einmal wiederfinden muß nach dem totalen Krieg der Ideologien. Meine Damen und Herren Kulturkritiker, Feuilletonisten, gelangweilte Groupies, auch wir können keine Antworten geben auf Fragen, die noch nicht einmal gestellt sind. Das war früher doch einfacher. In der Kinderstube war gut Randalieren gegen böse Väter. Was also tun auf diesen Brettern kurz über der Welt?

Vielleicht ist es das Alte, das neu sein kann, wer hätte es gedacht; den eigentümlichen Ort also beschreiben, ja, Geschichten erzählen, die der Flucht vor der Welt, aber auch energische Begegnungen, die Kindheit immer noch in den Taschen! Und die Leute kommen. Alt bleiben und nicht neumodisch werden. Die Kerze an beiden Enden gleichzeitig anzünden. Und spielen, alte Sagen und neue Schrecken. Wir wissen doch, daß keiner eine Aufführung schwarz auf weiß auch nach Hause tragen kann, die Nachwelt und so, daß Theater nur dann geschieht, wenn jemand schaut und hört, sich erregt und verzweifelt. Und lacht.

Wir sind doch nur ein Teil und nie das Ganze. Und die Leute kommen. Wir werden immer gefährdeter, das wissen wir auch und haben Angst. Und wir werden immer altmodischer. Das ist unsere Zukunft: »Wie ein exotisches Relikt aus alten Zeiten werden unsere Theater in den fremden Städten stehen. Räume, in denen wir mit

Djuna Barnes: Antiphon – Schauspiel Frankfurt am Main, 4. November 1992, Regie: Peter Eschberg – Carmen-Renate Köper (Augusta Burley Hobbs).
Foto: Stefan Odry

Bertolt Brecht: Der Untergang des Egoisten Patzer – Schauspielhaus Bochum, 6. November 1992, Regie, Bühne und Kostüme: Johannes Schütz – Armin Rohde, Thomas Wüpper, Jürgen Sebert, Karl-Heinz Tittelbach (v. l. n. r.).
Foto: Ralf Brinkhoff

Leonora Carrington: Das Fest des Lamms – Schauspiel Bonn, 16. Februar 1995, Inszenierung: Barbara Bilabel – Isis Krüger (Theodora), Andreas Grothgar (Jeremy). ▶
Foto: Thilo Beu

Giuseppe Giacosa und Luigi Illica: Madama Butterfly. Japanische Tragödie in drei Akten – Staatstheater Kassel, 4. Februar 1995, Inszenierung: Michael Leinert – Jayne Casselman (Clo-Cio-San: Butterfly),
Juri Svatenko (B. F. Pinkerton).
Foto: Thomas Huther

Christian Dietrich Grabbe: Herzog Theodor von Gothland – Staats-   ▶
theater Stuttgart / Schauspiel, 24. September 1993, Regie: Martin Ku-
sej – Götz Argus (Berdoa).
Foto: Klaus Fröhlich

Franz Xaver Kroetz: Bauern sterben – Theater der Stadt Heidelberg, 1992/1993, Inszenierung: Peter Stoltzenberg – Christina Scholz (Tochter), Helmut Kahn (Sohn).
Foto: Mara Eggert

◄ Ödön von Horváth: Kasimir und Karoline – Schauspiel Hannover, Niedersächsisches Staatstheater, 12. November 1994, Regie: Andreas Kriegenburg – Christiane Ostermayer (Karoline), Roland Koch (Kasimir), Jan Bodinus (Freak).
Foto: Mara Eggert

Tony Kushner: Engel in Amerika – Deutsches Theater Berlin, 16. Dezember 1994, Regie: Dieter Giesing – Götz Schubert, Ulrike Krumbiegel.
Foto: Wolfhard Theile

Heiner Müller: Die Umsiedlerin oder Das Leben auf dem Lande –
Staatstheater Cottbus, Regie: Christoph Schroth – Siegrun Fischer
(Niet), Dirk Glodde (Fondrak).
Foto: Ingolf Seidel

William Shakespeare: König Lear – Thalia Theater Hamburg, 17. Oktober 1992, Regie: Jürgen Flimm – Peter Franke, Will Quadflieg, Annette Paulmann, Christoph Bantzer, Hans Kremer (v. l. n. r.).
Foto: Hermann J. Baus

◄ Jean Paul Sartre: Die Eingeschlossenen – Bayerisches Staatsschauspiel, Cuvilliéstheater, 29. April 1994, Inszenierung: Matthias Hartmann – Oliver Stokowski (Franz), Barbara Melzl (Leni).
Foto: Erika Fernschild

William Shakespeare: Der Sturm – Kraftzentrale der ehemaligen Mei-
dericher Eisenhütte, Duisburg, 18. August 1994, Regie: Ulrich Greb –
Christian Schneller (Prospero), Barbara Wachendorff (Ariel).
Foto: Peter Buchwald

Gegenwelten spielen. Mit Spottgeburten aus Dreck und Feuer.« Das schrieb ich schon einmal, 1984. Ach, eigentlich war von Krise die Rede. Aber seit ich denken kann, hatten wir die Krise. Wenn wir die nicht mehr hätten, dann hätten wir sie.

In Hamburg nieselt der Regen, die Frühjahrswinde kommen auf, es ist wie immer um diese Zeit. Wir freuen uns auf die nächste Spielzeit.

In meinem Büro hängt eine Postkarte, die ein Fresco von Giotto aus der Basilika di S. Francesco in Assisi abbildet. Auf der Rückseite steht: S. Francesco scaccia i demoni da Arezzo; der Heilige jagt die Dämonen aus der Stadt.

Peter Stoltzenberg

Kunst ist immer ein Ärgernis

Als Henri Kahnweiler in einem Schwurgerichtsprozeß gefragt wurde, ob er den Geschworenen erklären könne, was Kunst sei, wandte er sich den Geschworenen zu, musterte sie, sagte »nein, Euer Ehren« und verließ den Saal.

Wir können den Saal nicht verlassen. Er ist unser Land. Also sehen wir in die Geschichte unserer Politiker, forschen erwartungsvoll nach einem An-Zeichen des Verständnisses, fragen – ernüchtert angesichts der teilnahmslosen Mienen –, was falsch war an unserem Engagement, was wir falsch gemacht haben. Und hören mit schlechtem Gewissen zum x-ten Male zu, wenn uns vorgerechnet wird, was »wir kosten«, was ja doch nichts anderes meint, als daß wir das nicht wert sind.

Erheben wir Einspruch, werden uns die Berliner (u. a.) Affären um die Ohren gehauen. Als wären die dortigen Ferkeleien von Sasse bis Kirchner nicht erst durch die Unfähigkeit des Kultursenators ermöglicht worden (womit nicht der widerlichen Selbstbedienungsmentalität das Wort geredet werden soll).

Aber etwas bleibt immer hängen, und jetzt taugt dieses *Etwas* zusammen mit den knapper werdenden Finanzen und den blockierenden Tarifverträgen trefflich dazu, uns pauschal die Existenzberechtigung abzusprechen: moralisch verkommen, geistig verfettet und zu teuer.

Schon jetzt, wo die Zeiten schlechter, das Geld knapper – die Sprechblasen verstopfen einem die Ohren. Wir leben nicht in einer Elendsrepublik, sondern in einem Wohlstandssumpf. Anders ist eine Gegend nicht zu bezeichnen, in der ein Feiertag weniger oder die 40-Stunden-Woche im öffentlichen Dienst, um die Wiedervereinigung oder die Pflegeversicherung zu bezahlen, zur erbitterten Streitfrage werden. Es wäre nur widerlich, würde es nicht so erschreckend auf den sittlichen Zustand unseres Gemeinwesens verweisen. Geistig gesehen ein Haufen wehleidiger Mantafahrer. An der Wand der Spruch: Sie stecken nicht im Stau – sie *sind* der Stau.

Was haben wir die letzten 49 Jahre getan oder nicht getan? Warum werden wir für zu teuer, d. h. für überflüssig, erklärt? Ein kurzer Rückblick im Zorn: wir haben in diesem unserem Land die Demokratie nicht erkämpft, sondern geschenkt bekommen, und sie hat sich mit fast 50 Jahren Wohlstand so verschmolzen, daß die Demokratie als Wohlstandsgarantie begriffen und eingeklagt wird. Bedrohliche Folge: mit abnehmendem Wohlstand sinkt der demokratische Konsens. Wir sollten uns erinnern, daß wir nichts mehr zu fürchten haben, als eben dies.

Die Einwände gegen diese Synonymität wurden durch die Künste und von Intellektuellen formuliert; sinnfällig und anschaulich gemacht und zum Ärgernis erhoben durch Theater, die Musik, die Bildende Kunst, *nicht* die Politik, schon gar nicht die Kulturpolitik, die häufig als Pfründe für anderweitig nicht qualifizierte Parteifreunde herhalten muß.

Und wo immer möglich, stießen die Einsprüche und Orientierungsversuche der Kunst auf den erbitterten Widerstand (übrigens in beiden Teilen) der Republik: Brecht- und Müller-Verbot, Henze-Hinauswurf, Hrdlicka-Skandale und Biermann-Exil, Beuys-Zurückweisung und Tabori-Diffamierung.

Es dauerte 40, nein 150 Jahre, bis sich die Düsseldorfer Universität durchringen konnte, sich den Namen Heinrich Heines zu geben. Keine Bundesregierung bat die von den Nazis Vertriebenen, zurückzukehren. Der deutsche Außenminister nannte sie Pinscher. Bei Kroetz protestierte die Kirche, bei Kresnik muß in Berlin der eiserne Vorhang fallen. Das Ensemble unter Polizeischutz aus dem Theater gebracht werden. Nur wenige bedrückt die Parallele. Der Bremer Kultur-Senator verlangt, das Theater müsse sein Profil machen, wovon sich das Theater bis heute nicht erholt hat.

Erinnern wir uns, daß Bach entlassen wurde, weil »seine Musik gar grauselich und nicht zum Anhören sei«. Semper idem?

Die Geschichte der Kunst ist die Geschichte ihrer Verletzungen, der erlittenen wie der dargestellten. »Haben Sie das gemacht?« fragte ein empörter Nazi-Bonze in der Guernica-Ausstellung. »Nein Sie«, kam Picassos Antwort. Unbestreitbar, daß all diese Anstrengungen, Versuche, Kämpfe den geistigen, d. h. auch den sittlichen Rang dieses Kontinents bestimmten. An dieser Festlegung haben wir mitgewirkt als Oppositionelle und Opportunisten, mal mit Morddrohungen und eingeworfenen Scheiben bedacht, dann wieder mit Karnevals- und anderen Orden vereinnahmt. Motiviert und angetrieben von der Überzeugung, daß es der Geist sei, der sich die Staaten schafft, und nicht das Bruttosozialprodukt. Und nun glaubt eine Kaste von ahnungslosen Politikern ökonomische Probleme zu Lasten dieser Arbeit lösen zu können, zu dürfen.

Ändern wir, was geändert werden muß, um die Substanz zu erhalten, verteidigen wir mit Zähnen und

Klauen die vollen Theater in Hamburg, Berlin, München und z. B. Heidelberg; und vergeben wir den Leuten, die uns für tot erklären, nicht, daß sie nicht wissen, was sie tun.

Michael Leinert

Theater als Fast-food-Bude?

Das aktuelle Reizwort heißt *sparen* – alles einsparen, was nicht lebensnotwendig ist, was Politikern zumindest als nicht lebensnotwendig erscheint. Sparen meint aber im Zusammenhang mit Kultur seltsamerweise nicht, Rücklagen für die Kultur zu bilden, sich ein finanzielles Polster zuzulegen – nein: Politiker meinen, wenn sie *sparen* sagen – kürzen! Und je kurzsichtiger an Kultur gespart wird, desto höher die Kürzung!

Einer, der »leidenschaftlich für die Finanzierung von Kultur« eingetreten ist, hat den aufmunternden Satz gesagt: »Singt die Lieder, die man aus Eurem Munde nicht erwartet – das ist Kultur!« Und: »Kultur ist alles das, was nicht *ist*. Immer Gegenentwurf, immer ein Transzendieren auf eine nicht vorhandene Welt, immer Befreiung aus Systemzwängen. Allemal eine Konfrontation, immer ein Konjunktiv, ein Optativ.«

Diese (und andere) Worte eines wirklichen Kultur-Politikers, wie Hermann Glaser einer war, sind längst verhallt. Die Sparkommissare haben jetzt mit ihren marktwirtschaftlichen Strategien in der Kultur das Sagen. Betroffen sind neben anderen wichtigen kulturellen Einrichtungen vor allem die Theater – die kleineren und mittleren, die Theater, die mit öffentlichen Geldern gebaut, saniert oder ausgestattet wurden, was Firmen wie Krupp, Siemens, Mannesmann und anderen größeren und kleineren Firmen Millionenaufträge bescherte; das wiederum hatte dazu beigetragen, die Wirtschaft zu stärken und Arbeitsplätze zu erhalten.

Theater als Wirtschaftsfaktor einer Stadt, Theater als Stimulator für das gesellschaftliche Klima, Theater als experimentelles Forschungslaboratorium, aber auch als geliebtes lebendiges Museum, die alten Meister konservierend für unsere verkabelte, einschalt-quotierte Welt. Schöne Worte, leere Worte? Kahlschläge in der Kulturlandschaft Deutschland ermöglichen dagegen Wildwuchs, fördern Intoleranz, Haß und Gewaltbereitschaft. Haben die Sparpolitiker vergessen, daß einzig und allein über die Sprache der Kultur die kreative Auseinandersetzung von Künstlern mit ihren Werken, die Auschwitz-Vergangenheit aufgearbeitet werden konnte?

Kann das Theater die Zuschauer Toleranz lehren? fragt das *Institut de la Communication d'Avignon*. Ein Resümee lautet: Alle Kunstformen – Bilder, Literatur, Musik – verführen dazu, daß der Geist sich öffnet. Und wenn sich das Denken, der Geist öffnet, muß naturgemäß der Geist tolerant sein (*Süddeutsche Zeitung* 28./29. 7. 1990). – Kultur als versöhnender Vermittler. Haben wir das nicht mehr nötig? Solingen, Mölln, Rostock und Lübeck geben da eine schrecklich eindeutige aktuelle Antwort.

Doch zurück zur Finanzkrise. Natürlich gibt es Beton im Theater, wenn wir an Bühnenbräuche und die zahlreichen verschiedenen spartenorientierten Tarifverträge denken, die sicher einstmals sinnvoll waren, heute aber stark reformbedürftig sind. Natürlich sind die unterschiedlichsten Theaterbetriebsformen denkbar und müssen diskutiert und je nach Situation eingeführt oder durchgesetzt werden. Heißt das Zauberwort aber wirklich »Strukturveränderung«?

Theater sind personalintensive Betriebe. Bis zu 90 Prozent des Etats sind durch Personalkosten festgeschrieben. Das Wort Strukturreform ist auch hier wieder nur eine auf das Theater bezogene Umschreibung für Stellenabbau. Die Theater sind aber in der Regel keine aufgeblähten Apparate. Und Kürzungen in zweistelliger Millionenhöhe, wie sie zum Beispiel in Kassel gefordert werden, bedeuten eben, 150 Arbeitsplätze zu streichen!

Der wirkliche Spareffekt wäre aber gering: diese 150 Arbeitslosen und Sozialhilfe-Empfänger kosten Bund, Länder und Gemeinden zwischen sechs und sieben Millionen DM.

Nicht unbeachtet bleiben darf die Erfahrung, daß die allgemeine wirtschaftliche Rezession ein willkommener Anlaß ist für diejenigen, die schon immer kunstfeindlich waren, das, was sie schon immer für überflüssig hielten, zu liquidieren. Letzte Reservate kultureller Aktivität werden abgeholzt: Zerstörung nicht nur der Umwelt, sondern auch von Geist und Seele. »Das war erst das Vorgeplänkel«, meinte mephistophelisch lächelnd der Oberbürgermeister einer Stadt mitten in Deutschland zum Intendanten, nachdem eine 25%ige Kürzung des Etats beschlossene Sache war.

Die Spar-Axt wird also geschwungen, und zwar sinnigerweise am Ende der kulturellen Nahrungskette. Wenn erst einmal die Theater kaputtgespart, zu kommerziellorientierten Kultur-Freizeit-Parks degradiert worden sind, dann wird es an die Ausbildungsstätten, die Hochschulen, die Universitäten gehen. Mit einer gewissen logischen Konsequenz: ohne Theater – kein Studiengang Regie, keine Sängerausbildung, kein Schauspielstudium mehr nötig!

Wozu dann noch Bühnenbild-Klassen mit prominenten Lehrern wie Achim Freyer oder Jürgen Rose? Die Theater brauchen den Nachwuchs der 90er Jahre bald nicht mehr, weil diese Orte der lebendigen Kommunikation kaputtgespart worden sind.

Haben wir das Ausbildungsangebot dann auf einige mehr oder weniger professionelle »Musical«-Studios und einige »Fast-food-Sprechblasen-Buden« reduziert, geht's an die Schulreform. Wozu noch Deutsch-, Kunst-, Musik- und Literaturunterricht an den Schulen?

Durch die Sparauflagen wird überdies die Einflußnahme des Staates via Finanzministerium auf den Spielplan immens vergrößert. Jede Premiere wird zum Alptraum des Produktionsteams – der (finanzielle) Erfolg muß garantiert werden! In unseren krisengeschüttelten Zeiten bloß kein Risiko eingehen! Kunst ohne Risiko – geht das überhaupt, darf das überhaupt sein? Etatkürzungen mit Ausgabe-Sperrvermerken provozieren das Einschaltquotendenken. Und der ambitionierte Spielplan ist in Gefahr. Aber ergeben sich dadurch vielleicht Chancen für den Nachwuchs in finanziellen Krisenzeiten?

Theater zwischen Kunst und Kommerz. Das Publikum stimmt mit den Füßen ab: Warum lieben die Leute bloß das biedere *Schwarzwaldmädel* mehr als die rassige *Großherzogin von Gerolstein*? Apropos, Gerolstein – vielleicht könnte man ja auch an solche Sponsoren denken...!

Man könnte ja auch alles hinschmeißen. Aber dann kommt der nächste und macht's um zwei Millionen preiswerter. Zum Beispiel eine norddeutsche Großstadt: Etatkürzung. Schmerzgrenze 40 Millionen, sagt der eine Intendantenkandidat. Ich biete 38 Millionen, sagt der andere. Der andere ist mein Mann, sagt die Kulturdezernentin.

Keine Szene von Wolfgang Borchert, aber eine aus Deutschland in den 90er Jahren. Bleibt eigentlich nur noch die Bitte an Sie, liebe Kolleginnen und Kollegen: zukünftige Regisseure, Sänger, Dramaturgen, Tänzer, Schauspieler, Musiker, Dirigenten, Bühnenbildner, Chorsänger: Begreifen Sie es, ehe es zu spät ist. Sie haben noch eine reelle Chance. Nutzen Sie sie. Orientieren Sie sich rechtzeitig um. Lassen Sie sich auf Kosten des Staates umschulen. Vergessen sie, was Sie gelernt haben. Sie werden es nicht anwenden können, denn: die Theater sind geschlossen, und wenn noch nicht ganz, so doch in ihrer künstlerischen Substanz erheblich beschnitten.

Protestieren Sie aber ja nicht gegen übereilte sachunkundige Finanzierungspläne der Rechtsträger, die das Theater an seiner künstlerischen Autonomie kaputtsparen. Bleiben Sie ruhig. Die zur Zeit um sich greifende Hysterie der Politiker, die allgemeine weltweite Finanzkrise (die übrigens die Theater nicht verursacht haben) auf Kosten der Theater und anderer kultureller Einrichtungen zu bewältigen, darf *Sie nicht* aus ihrem Schlafe scheuchen.

Sollten Sie aber trotz allem an Schlaflosigkeit leiden, weil Sie merkwürdigerweise mitten in der Nacht an Deutschland denken, dann – ja dann: singen Sie (mit Hermann Glaser) »die Lieder, die man nicht aus ihrem Munde erwartet«!

Christoph Schroth

Zusammen-Erleben

Was mir Theater bedeutet, was ist für mich Theater? Theater ist für mich Arbeit, und es ist Vergnügen. Das Schönste ist, daß ich mit anderen zusammen spielerisch arbeiten kann für andere, mit anderen, um zusammen etwas zu erleben. Das Schönste ist eigentlich dieses *Erleben*, dieses *Zusammen-Arbeiten*, *Zusammen-Erleben*, die Kommunikation. Diese Begegnung von vielen Menschen macht den tiefen Humanismus von Theater aus. Produzenten und Konsumenten von Kunst in einem Raum – unter freiem Himmel oder unterm Kronleuchter – begegnen sich life. Theater ist Leben.

Die Produktionsweise des Schauspielers hat sich seit 2000 Jahren nicht verändert. Im schauspielerischen Prozeß gibt es keine Arbeitsteilung. Hier äußert sich das Individuum total mit seinem Kopf, mit seinem Intellekt, mit seinem Körper, mit seiner Sprache, mit seinem Gefühl, mit seiner Seele, und dieses Individuum macht uns erschauern, verzückt uns, macht uns lachen und weinen, und wir werden uns der menschlichen Möglichkeiten in ihrer großen Unbegrenztheit bewußt.

Ein Mensch, der mit seiner Büchse Bier vor der Bildröhre sitzt – vereinsamt, isoliert –, ein lebensfeindlicher Zustand. Als Theaterleute können wir ein Gegengewicht zur Massen-Un-Kultur der Industriegesellschaft setzen.

Theater kosten Geld – dafür geben sie etwas Unersetzliches, Kostbares an die Gesellschaft zurück: Sie reflektieren wie Seismographen die Widersprüche in der Gesellschaft, oft schon in ihren Ansätzen, vorab. Lebendiges Theater muß sich einmischen in den Lauf der Dinge, es muß Flagge zeigen, Haltung beziehen. Es muß seinen Beitrag leisten »zur großen Kunst, der Lebenskunst« (Brecht).

In jeder Zeit hat das Theater die moralische Pflicht, die große Weltkultur von Aischylos über Shakespeare, Molière, Goethe, Schiller, Brecht zu bewahren, aufzuheben, den Umgang mit diesen Werken produktiv zu erhalten.

Eine andere Aufgabe besteht darin, seine Funktion in dem Territorium, aus dem seine Zuschauer kommen, in dem es lebt, durch Arbeit selber zu bestimmen, Konflikte zu benennen und austragen zu helfen.

Was habe ich vom Theater? Genuß – das Gefühl, bereichert zu werden; das Gefühl, ernstgenommen zu werden, Begegnungen mit anderen Menschen, Kontakte, Geselligkeit. Das Schönste ist das *Er-leben* im Moment, das Glück, dabeisein zu können, wenn eine Schauspielerin sich in das Gretchen verwandelt, in eine Frau, die mit ihrem Gebet »...ach neige du Schmerzensreiche« auf heutige Not verweist – da kommen mir die Tränen. Oder das Glück zu empfinden, daß die Zuschauer im Jahre 1989 in unserer Schweriner Inszenierung von Schillers *Tell* den Schuß Tells auf Geißler als Attentat auf eine korrupte Regierung empfanden und stehend applaudierten.

Was ist Theater nicht? Repräsentation. Billiges Amüsement. Elitäres Selbstverständnis von Künstlern ohne Publikum. Schick und modisch.

Wer sind die Feinde des Theaters? Geld und Profit als Maß aller Dinge. Die Menschen, die vom Theater dasselbe erwarten wie vom Fernsehen – sich apathisch berieseln zu lassen. Die Gleichgültigen. Die Menschen, die glauben, »es geschafft zu haben«, Menschen, die nichts mehr aufregt. Die Lüge.

Wer sind die Freunde des Theaters? Das Kind. Menschen, die staunen können. Menschen, die Altes immer wieder neu sehen können. Menschen, die *neu-gierig* sind. Menschen, die gesellig sind, die Kontakt mit anderen Menschen suchen. Menschen, die etwas erleben wollen. Menschen, die sich ihrer Tränen nicht schämen. Menschen, die eine kritische Haltung zur Gesellschaft haben. Menschen, die an der Veränderung der bestehenden Welt zu einer menschenwürdigeren Welt interessiert sind.

Theater spielen bringt auch Geld, das ist sogar ein nicht zu unterschätzender wirtschaftlicher Faktor in einer Stadt. Das ist nicht unwichtig, aber es ist nicht das Wichtigste: Eine theaterfreundliche Gesellschaft ist menschenfreundlich.

Klaus Völker
Eberhard Witt

Über Ensemble und Repertoire

Zu den Vorzügen des deutschen Staats- und Stadttheatersystems gehört die Möglichkeit, ein *Ensemble* von Schauspielern zu versammeln und es in einem *Repertoire* von ganz verschiedenen Stücken zur Wirkung zu bringen.

Wenn ein Schauspieler ein Stück »en suite« spielt, nützt er sich und das erarbeitete Ergebnis viel schneller ab, rettet sich in eine artistische Routine, bestenfalls gibt es Virtuosentum zu feiern, die Rollen, die der Schauspieler spielt, beginnen sich immer mehr zu gleichen. Boulevard ist so praktizierbar. Eine ausgefeilte, bis in feinste Nuancen und präzise Details durchkomponierte, erarbeitete Aufführung – etwa Peter Steins *Sommergäste* oder Andrea Breths *Hedda Gabler* – wären verloren in einem En-suite-Betrieb.

In London kann man sehr gut studieren, welche Art von Theater en suite funktioniert und auch künstlerisch floriert und wie elend ein Stück wie Tschechows *Kirschgarten* oder *Onkel Wanja* oder Ibsens *Nora* im En-suite-Theater verkümmert oder zu einem puren Anlaß für die Auftritte eines Filmstars wird.

Niemand aber käme in der Royal Shakespeare Company auf die Idee, vier Wochen en suite *Troilus und Cressida* oder *Sturm* zu spielen. Eine Schauspielerin in verschiedenartigen Rollen in wenigen Tagen parallel erleben zu können ist nicht nur für den Zuschauer eine große Freude und ein toller Eindruck, es ist auch die

Voraussetzung für die »Präsenz«, den Nuancenreichtum, die psychologische Durchdringung einer Rolle durch den Schauspieler. Das Springen von Rolle zu Rolle bereichert seine Verwandlungs-, Ausdrucks- und artistisch bravouröse Gestaltungsfähigkeit. Wir haben heute schon viel zu wenig starke Schauspielerpersönlichkeiten im Alter von 28 bis 40 Jahren, weil eben junge Schauspieler nicht mehr wie früher sechs bis zehn große bis mittlere Rollen per Spielzeit spielen, sondern oft nur zwei bis drei, so daß sie viel zu lange brauchen, um die entsprechende Bühnenpräsenz und Gewichtigkeit zu bekommen. Der Wegfall des Repertoires würde dazu führen, daß ein Schauspieler noch weniger Rollen spielt und die erfolgreiche Rolle endlos »abzieht«, seine Nummer, seine Tricks und Manierismen halt verkaufen lernt, aber nicht sich ständig bereichert, erneuert, seinen Weg als Schauspieler vielseitig und abwechslungsreich gestaltet.

Hinter der Idee der Abschaffung des Repertoires steckt die Idee des Einsparens von Produktionen *und* Produktivität. Es gilt aber nicht, für noch weniger Vorstellungen jeweils noch mehr Publikum zu mobilisieren – sondern es gilt, das interessierte Publikum zu verlocken, sich mehr Theatervorstellungen anzusehen, ein Ensemble zu begleiten und ihm auch auf Seitenwege, schwierigere Pfade zu folgen.

Die Abschaffung des Repertoires ist die konsequente Folge jener Beschlüsse, die Theater unter rein privatwirtschaftlichen Gesichtspunkten zu Rentabilität zu bringen. Eine Aufführung wird ein Verkaufsprodukt, für das optimale Werbemittel eingesetzt und das möglichst vielen Zuschauern schmackhaft gemacht werden muß.

Nicht mehr ein Theater, ein Stück in bestimmter Interpretation und ein Ensemble locken den Zuschauer an, sondern es wird ein »Ereignis« kreiert, ein vom Management zu verkaufender, für Gastspiele zu vermittelnder Hit. So werden die groß projektierten, im voraus an viele Orte und Festivals verkauften »Produkte« herumgereicht, völlig unabhängig davon, ob sie künstlerisch geglückt oder elende Flops sind. Eine Aufführung wie Peter Steins *Orestie* in Moskau wäre in einem Repertoire-Theater undenkbar. Aber es ist ein Produkt der Kulturindustrie, und die Medien stemmen es zum Ereignis hoch. Ein kleines Repertoire-Theater leistet bestimmt Wichtigeres. Letztlich aber gäbe es diese *Orestie* in dieser Form gar nicht, wenn nicht Peter Stein einst an der Berliner *Schaubühne* ein Ensemble und ein Repertoire-Theater gehabt hätte, das tatsächlich die jetzt nur nachgestellte Aufführung erarbeitet hat.

Alle großen Regisseure und Schauspieler, die unser Verständnis von Theater und Inszenierungskunst geprägt haben, verdanken ihr Werden, ihren Aufstieg, ihre gesamte künstlerische Entwicklung dem Repertoire-Theaterbetrieb: Stanislawski, Reinhardt, Brecht, Jürgen Fehling, Leopold Jessner, Peter Brook, Giorgio Strehler, Jean-Luis Barrault, Laurence Olivier, Peter Stein, Peter Zadek – sie alle gründeten ihre Theaterarbeit aufs Repertoire, auf *ein Ensemble* und auf ein Ensemble von Vorstellungen, deren Miteinander und Aufeinanderbezogensein erst die Theaterkultur ergab.

Aufgabe des Repertoires ergibt Kapitulation vor *Amerika*, vorm Broadway-System, das weder Literatur noch Theaterarbeit zuläßt – nur *Theatermanagement* und *Entertainment*.

Wenn aber Theater dem Management und den Festivaldirektoren überlassen wird, ist es ohne Zukunft und lediglich ein Faktor an der Tourismusbörse.

Peter Eschberg

Allabendlich immer wieder
eine unberechenbare Liebesgeschichte

Theater ist Lustgewinn, Klarheit im Kopf, Erhalt der Utopiefähigkeit, der persönlichen wie der gesellschaftlichen, Schutz vor den Verletzungen des Geistes und des Körpers, moralische Lehre, Chance, die gefährlichen und gefährdeten Teile der eigenen Persönlichkeit zu erleben; Theater als Eingang ins Zwielicht des Verbotenen und Unerreichbaren, Theater als Überlebensversuch.

Ein solch subjektiver Weltentwurf muß mit Gewissenhaftigkeit und Präzision, das heißt mit lebensgefährdender Absolutheit bewegt und gehütet werden. Die Gefährdung liegt in der Maßlosigkeit, die jede spielerische Befreiung aus den vorgegebenen Zwängen der gesellschaftlich bedingten und beschlossenen Lebensbedrohung mit sich bringt.

In einer Gesellschaft, in der immer mehr Regeln immer weniger Beweglichkeit des einzelnen zulassen und in der unter dem Vorzeichen der Liberalisierung eine zunehmende Bürokratisierung beobachtbar ist, in einer Lebenssituation, in der der einzelne versucht, Schlupfwinkel für sich zu finden, in denen das Atemholen unbeobachtet stattfinden kann, werden die wenigen verbleibenden Freiräume besonders wichtig.

Theater als wesentliches Stück Freiheit der Psyche, als Bezirk der Unabhängigkeit gegenüber den Zwängen, die das kollektive Leben auf jeden von uns ausübt. Dieser Freiraum Theater muß einerseits denen, die ihn machen, alle Besessenheit des Denkens, den emotionalen Exzeß, einfach die Befreiung ihrer künstlerischen Kraft ermöglichen. Dies ist eine Expedition, bei der die wunderbarsten, aber auch die gefährlichsten Abenteuer zu bestehen sind. Andererseits sollen auch jene, die trotz vielfältiger Ablenkungen, medialer Einflußnahme, trotz des Zwanges zur brutalen Selbstbehauptung in ihrem individuellen Leben ihr Interesse an dem, was sich auf der Bühne abspielt, nicht verloren haben, mitgenommen werden auf diese Expedition ins Unberechenbare, in das, was unser Bewußtsein verführt, gefährdet auch, aber immer wieder auf höhere Weise besänftigt und rettet. Wenn man also über den Freiraum Theater nachdenkt, kann es doch nur um Emotionen, Gedanken, ideelle und pervertierte Leidenschaften, um Träume, Erfahrungen aus den Tiefenbereichen der Existenz gehen. So wünscht man es sich, so aber ist es leider nicht nur.

Wenn ein Intendant vom Theater redet, muß er trotz aller utopischen, künstlerischen Denkrichtung, die sein Beruf glücklicherweise mit sich bringt, auch über die wirtschaftliche Machbarkeit nachdenken, die Kunstutopie des Theaters also in Zahlen umsetzen können, der Manager seiner künstlerischen Möglichkeiten sein. Er muß sozusagen in sich das Unbeherrschte einer grenzenlosen Kunstidee mit seinem individuellen Rechnungsprüfungsamt vereinen.

In der gegenwärtigen Debatte um Lage und Perspektiven der Kultur schiebt sich der finanzielle und strukturelle Aspekt immer wieder vor den der Kunst. So wird heftig für und wider die Erhaltung bestimmter Institute gestritten unter fiskalischen Gesichtspunkten. In diesem Hin und Her bleiben die gesellschaftlichen und künstlerischen Aufgaben der Institute, um derentwillen sie doch vor allem zu erhalten wären, gänzlich außen vor. Gegen den Vorwurf, überflüssig zu sein, gegen das Ansinnen, das Schauspiel zu schließen, kann nur der Anspruch stehen, einen Kulturauftrag zu erfüllen: die Konfrontation von einzelnen und Ideen; große, nicht mediengerechte Gefühle gegen große, nicht wegzudiskutierende Machtansprüche.

Ist es wirklich soweit gekommen, daß das Theater seine kulturelle und soziale Unersetzlichkeit lautstark gegen diejenigen verteidigen muß, die sein gesellschaftliches Bewußtsein am nötigsten hätten? Die alten Erfahrungen mit der Welt, die in den Stücken gespeichert sind, mit den Ereignissen der Gegenwart zusammenzubringen ist ein aufklärerischer politischer Akt, der die Katharsis unseres moralisch maroden Gemeinwesens zu befördern imstande ist. Sollten kulturferne Manager und Kulturbetriebswirte eine neue Form des kulturellen Abbaus auslösen und dadurch unserer Gesellschaft die Emanzipation im Kopf austreiben? Wachsamkeit ist geboten! Wir, die Theaterleute, brauchen Hilfe!

Es muß Aufgabe des Theaters bleiben, das metaphorische und mimetische Denken weiterzugeben; was in der Gesellschaft vorgeht, im Medium des Schauspielers aufzuführen. Sehr zugespitzt gesagt, im Individuum.

So hat neben dem Nachweis von Effektivität und Sparsamkeit des Betriebs das selbständige Schauspiel vor allem zu formulieren, was denn der ganze Aufwand an fachlicher und künstlerischer Kompetenz, an Fleiß und Leidenschaft der Theaterleute hervorbringt – oder auch perspektivisch hervorbringen soll.

Ein Nachdenken darüber hat bei den Voraussetzungen zu beginnen, unter denen sich Theaterarbeit heute im öffentlichen Raum vollzieht. Das Bild einer zunehmend aggressiven und oberflächlich agierenden Konkurrenzgesellschaft, beherrscht von destruktiven Energien, bestimmt durch Fühllosigkeit, nimmt bedrohlich deutlicher werdende Konturen an. Desinteresse und Unentschiedenheit sind Grundhaltungen einer solchen Gesellschaft.

Überall werden Verwüstungen sichtbar. Man sollte meinen, daß die altbekannten Grimassen, die überall wieder auftauchen, als wären sie immer Gegenwart geblieben, das allgemeine Bewußtsein schärfen müßten.

Erst die kulturelle Lebensfähigkeit einer Gesellschaft macht ihren geistigen und humanen Stellenwert aus. Angesichts all dessen, was die Humanität unseres Lebensprinzips im Augenblick aufs scheußlichste bedroht, ist die Verteidigung der kulturellen Einrichtungen eine Lebensnotwendigkeit dieser Gesellschaft geworden. Nicht nur soziale Absicherung, nicht nur ein intaktes Gesundheitswesen sind zur Erhaltung der menschlichen Würde nötig. Kulturell und sozial sind keine Gegensätze. Kultur ist die Voraussetzung für soziales Leben, es sei denn, man beschränkte den Begriff »sozial« auf Sozialbeihilfe.

Wenn politische Fehleinschätzungen und mediale Einäugigkeit zum Kulturverlust führen, kommen die Abartigkeiten einer Gesellschaft ans Licht. Das müßte man doch hierzulande schmerzlich erlernt und begriffen haben. Um nicht mißverstanden zu werden: Wir verstehen die prekäre finanzielle Situation des Landes. Und wir sind entschlossen, innerhalb unserer Möglichkeiten Einsparungen vorzunehmen. Aber Einschränkungen hinzunehmen, die unsere künstlerische Arbeitsfähigkeit lahmlegen, käme der Selbstaufgabe gleich, die von uns nicht erwartet werden kann.

Will das Theater seinen Platz als Medium künstlerischer, metaphorischer Verständigung zwischen Machern und Rezipienten behaupten, so muß es seine Themen, seine Methode der Befragung der Wirklichkeit, seine Versuche der Destruktion des falschen Sinns und seine Modelle einer anderen Existenz geradezu gewaltsam im Denken und Empfinden der Zuschauer verankern.

Es ist dem Theater nicht allein anzulasten, daß sich zwischen ihm und der Wirklichkeit ein Riß aufgetan hat. Denn mir scheint, daß die Wirklichkeit sich selber ins Nebulöse verflüchtigt. Das Theater verliert den Gegenstand, von dem es erzählen will, weil der Gegenstand seine Konturen verliert. Das Gesellschaftliche geht in der Fülle der Bilder unter, die es über sich selbst in die Welt setzt. Die Bilder haben keinen Gegenstand mehr, der in ihnen zu entziffern wäre, sie dienen sich selber, gaukeln ein Universum des Wirklichen vor und sind doch nur noch blasse Schimären.

Das Theater hat keine Insel der Ruhe und Glückseligkeit »im Alptraum unserer Kultur« zu sein, es hat nicht der Ort zu sein, an dem sich Altbekanntes zur Erbauung aller unaufhörlich wiederholt, sondern es muß provozieren, polarisieren, es muß den Skandal ertragen, der die Leute wieder auf das Nachdenken über sich selbst stößt und sie dazu bringt, sich selbst wieder zu empfinden. Alle subtile Menschenkenntnis, die das zeitgenössische Theater in seine Figuren investiert, bleibt ohnmächtige Kunstfertigkeit, solange vom Eigentlichen, der Begründung des Individuums durch seine Arbeit, nicht gesprochen wird.

Gerade was den Umgang mit seinen Künstlern betrifft, hat dieses Land eine große und ermutigende Tradition. Die Theaterleute – das liegt in ihrer Funktion und muß daher unumwunden zugegeben werden – kümmern sich um keine irdischen Widerstände. Sie stolpern und rennen nach einem Ziel, das sowohl großartig wie hybride als auch vielleicht nie oder nur in Träumen erreichbar ist. Wo aber kann diese chaotische Reise enden, wenn nicht in den Armen des Publikums? Es geht nicht ohne diese schwierige, unberechenbare Liebesgeschichte, die jeden Abend im Theater stattfindet, stattfinden muß, damit sich das erhoffte Kunstereignis einstellt.

Ulrich Khuon

Brennend, aber nicht verzehrt

Daß wir ohne Imagination, ohne spielerisches Als-Ob, ohne die tausend Varianten und Wege des Möglichen, die dem Gegebenen in die Quere kommen, nicht leben können, ist gewiß. Daß sich diese in Literatur, Philosophie, Schauspiel und Musik verbergen, daß Theater einer der wenigen Orte ist, wo wir der Welt standhalten, indem wir sie fliehen oder andersherum, wo wir trotz offenkundiger Flucht an einer andersartigen Welt arbeiten, daß wir gerade dort »einmal im Leben Unmögliches versuchen«, kein Zweifel.

Mein früherer Intendant sagte über manch einen Regieassistenten und Schauspieler, den er trotz diverser Vorzüge ablehnte: »Der brennt nicht.« Auf diesem Weg würde ich unserer Frage gern nachgehen. Wird genügend deutlich, daß die vielen Schauspielerinnen und Schauspieler, Regisseure, Orchestermusiker, Bühnenhandwerker, Garderobendamen, Maskenbildnerinnen und Maskenbildner und Intendanten ohne dieses Theater nicht leben können? Das genau müßte man spüren.

Die Unbedingtheit dieses Willens müßte sich verbinden mit einer Wahrnehmungssensibilität, die ihr scheinbar im Wege steht. Aber genau dies, daß zwei Kräfte in entgegengesetzter Richtung gleich vehement am Werke sind, ist vermutlich ein Charakteristikum des Theaters. Die Bühne also, ein Ort der zugelassenen, ja notwendigen Ambivalenzen der gegenläufigen Bewegungen, sich widersprechenden Kräfte.

Das Theater ist bedroht. Immer häufiger wird nach

seinen Stärken gefragt, den handhabbaren, leicht vermittelbaren Stärken natürlich. Aber das Theater ist nicht stark und wird es nie sein. Es ist, indem es auf das Ungeschützte, leicht Verderbbare und Bedrohte verweist, ein Statthalter des Schwachen in dieser Gesellschaft, ohne, wie dies eine Zeitlang üblich war, Schwäche, Niederlagen und Verluste zu idealisieren und zu verklären, sondern einfach, um auf ihre Schutzbedürftigkeit hinzuweisen. Dazu muß dies Theater sich behaupten, muß eine eigene Kraft aufbringen, die »des steten Wassers in Bewegung, das den Stein besiegt«, die Kraft der Geduld etwa.

Unsere Gesellschaft verkommt zu einem Marktplatz der kurzen Wege: zwei Sätze, eine Meinung. Medien, Politik und Wirtschaft, die sogenannte Info-Elite, erwarten gut verpackte, festgezurrte Thesen. Im merkwürdigen Gegensatz dazu stehen die ab Feierabend überfüllten Kneipen und Bistros der Innenstädte. In ihnen ergehen sich dieselben Menschen, die tagsüber ihre Effizienzwege beschritten haben, nun bis spät in die Nacht hinein in Unerheblichkeiten und weitschweifigen Banalitäten, hinter denen ihre Sehnsucht hervorlugt.

Das Theater hat den öffentlichen Auftrag einer Art von »Bremskraftverstärkung«. Die Aufgabe, das allgemeine Trudeln, die Beschleunigungen des Tages, seine Zentrifugalkraft, die uns an die Wand preßt, bis wir nicht mehr atmen können, außer Kraft zu setzen. Die einfache Frage zu stellen, womit wir den Abgrund zubauen, auf den wir zueilen. Dies wiederum sollte auf eine Art und Weise geschehen, daß man uns gerne zuhört. Auch wieder so eine Ambivalenz.

Damit sind wir beim Publikum, seiner händeringenden Wiederentdeckung, der plötzlichen Beschwörung seiner Wichtigkeit, die etwas Verlogenes hat.

Warum? Weil die Frage, wie sehr wir etwas vermitteln wollen, nicht erkennbar wird an Beschwörungsformeln und der leichten Faßbarkeit unserer Theaterkost, sondern an der Ernsthaftigkeit der Arbeit, der glaubhaften Beschreibung des Anspruchs und dem genauen Blick auf die Umsetzung. Gehen wir getrost davon aus, daß es Menschen gibt, die das sehen wollen, was wir zu erzählen haben, wenn wir uns dessen gewiß sind.

Die Theater selbst als Betriebe bewegen sich nicht außerhalb der Gesellschaft. Das haben sie mit dem Deutschen Gewerkschaftsbund und den Kirchen, zwei weiteren Volltönern der Moral, gemeinsam. Ja, leider sind sie in ihrem Innenverhalten oft besonders angefressen von den Merkmalen, die sie in der Gesellschaft heftig attakkieren: soziale Rücksichtslosigkeit, heftige Intrigen, schnelle Karriere, Marktorientiertheit, Ex- und Hoppverhalten. Dies sollten sie zumindest wissen und eingestehen, wenn sie sich mit feinfühligem Gestus auf der Bühne über Menschenschicksale beugen.

Beim Lesen von Georg Hensels Lebensgeschichte, nicht zufällig heißt der Titel *Glück gehabt*, auch wenn die Geschichten alles andere als glücklich sind, beim Lesen dieser Kritikerbiographie fiel mir ein, was wir noch brauchen: Bescheidenheit und jene Art des Kämpfens, die Brecht in seinem Gedicht *Ardens sed virens* zusammenfaßte:

»Ach, für dich stand, wegzureiten / Hinterm Schlachtfeld nie ein Pferd / Darum sah' ich Dich mit Vorsicht streiten / Brennend, aber nicht verzehrt.«

H.-Dieter Jendreyko

Es geht um die Wahrheit des Augenblicks

Das ist ein trauriger Vorgang. Theaterleute erklären: »Warum wir das Theater brauchen.« Das sollten doch die anderen tun, die es anschauen. Oder brauchen die das Theater nicht mehr?

Natürlich brauchen sie es, so wie sie die Museen, die Ausstellungen, die Filmkunstkinos, die Konzerte brauchen. Sie kommen ja auch in Scharen, nur bilden sie keine Lobby. Und das macht es den Politikern, die alles gesundtotsparen wollen, was mit Kultur zu tun hat, auch leichter, so zu handeln, wie sie handeln.

»Hängt die Wäsche weg, die Schauspieler kommen«, hieß es noch bis in die 60er Jahre hinein. Jetzt liegt man selbst im zarten Linnen – und plötzlich wird man mit rücksichtslosem Fußtritt aus schönstem Schlaf über die Bettkante gestoßen. Böses Erwachen. Die Schmusedecken werden weggezogen. Dabei war die Umarmung mit den Wäschebesitzern doch so verführerisch – aber letztlich nur gönnerhaft. Eine tiefere Neigung, ein Verstehen hat es zwischen den Politikern und den Künstlern (und nicht nur denen vom Theater) nur sehr selten gegeben. Da haben wir uns was vorgemacht, weil es sich so angenehm damit leben ließ.

Vor uns die beängstigende Zukunft des ausgehenden 20. Jahrhunderts wie ein Abgrund, in den wir jeden Augenblick zu stürzen drohen, hinter uns eine Vergangenheit, der wir wenig trauen. Angesichts dieser Gefahr müßten wir eigentlich allen Ballast abwerfen, alles,

was unwesentlich ist, hinter uns lassen, jede Sehne an-
spannen, ganz gegenwärtig sein. Und das ist sicherlich
auch und ganz besonders von Theaterleuten zu erwarten. Was ist wesentlich für das Theater? Das ist in solchen Zeiten der Bedrohung des Theaters die Frage, und
heute anders zu beantworten als noch vor wenigen Jahren.

Gern gehe ich in Basel bei meinen Gängen durch die
Stadt auf eine kurze Unterbrechung ins Kunstmuseum –
und finde mich immer wieder vor dem sehr kleinen *Por-
trait des Erasmus von Rotterdam im Rund* von Holbein.
Wenn ich ganz in seinen Kreis trete, begegnet er mir mit
seinem feinen Lächeln. Lächelt er über uns, über die
Welt? Die Begegnung kann für Augenblicke so persön-
lich werden, als wäre dieser Erasmus nur für mich da.
Immer suche ich etwas über mich bei ihm. Leicht verschämt trete ich vor ein anderes Bild, wenn ein weiterer
Besucher in diesen Kreis tritt.

Wie anders und unübertrefflich wäre das Ereignis,
wenn ich so eine Begegnung im Theater hätte. Mit vielen
hundert anderen versammele ich mich im Zuschauer-
raum, und der, dem ich jetzt da oben begegne – der lebt.
Das klingt platt, ist aber die Wahrheit des Theaters. Und
alle, die mit mir gekommen sind, machen die gleiche
Erfahrung. *Wir* sind gekommen, um gemeinsam zu erleben, was die da oben auf der Bühne gemeinsam *uns*
erlebbar machen. Meine Nachbarin hatte ich noch gar
nicht angeschaut, aber jetzt lachen wir gemeinsam, sehen einander lachend an. Was spricht mehr für das Theater? Was gibt es Schöneres, Persönlicheres, als gemeinsam zu lachen?

Auf der Bühne kämpft Ibsens *Nora* mit sich und ihren

Verhältnissen. Nora, das ist auch meine Nachbarin, bin auch ich. Das Leben draußen beunruhigt uns, macht uns unsicher, wir verzweifeln oft. Aber nach so einem Theaterbesuch, obwohl wir große Schrecken, Hoffnungslosigkeiten und Verzweiflung erfahren, verlassen wir das Theater ganz und gar nicht verschämt: Hoffnungsvoller, kraftvoller trete ich in die Nacht, und mit mir viele andere.

Unglaublich viele Menschen verschiedenster Berufe arbeiten Monate für diesen Abend, alles geht in das Bemühen ein, die Vorlage für das Bühnenleben zu gewinnen. Schnell kann das einen Eigenlauf bekommen und zentrifugal wirken, wenn der entscheidende Moment vergessen wird. Das *Jetzt* ist die Wahrheit des Theaters. Wenn es auf den Proben gelingt, den Raum dafür immer wieder zu schaffen und zu schützen, dann kommt der Schauspieler zu seinen schöpferischen Möglichkeiten, und das Miteinander im Spiel kann beginnen.

Diese Freiheit durchdringt die gesamte Aufführung, und der Zuschauer empfängt sie vor allen anderen als erste und wesentliche Botschaft, als eine humane, und meist ist er sich dessen gar nicht bewußt (Peter Brooks Arbeiten sind dafür ein schönes Beispiel). Das Ziel jeder Probe ist nicht die Premiere, sondern die Ermöglichung des *Spiels im Jetzt*, dem ordnet sich alles unter. Alle Vorbereitung, alle Gedanken, alle Gefühle, alle Assoziationen werden erst fruchtbar, wenn der Schauspieler sich in sich zurückfallen lassen kann und im *Jetzt* ist. So kann er die vorgegebene Sprache langsam zu seiner eigenen machen. Da liegen die Risiken und die Entdeckungen. »Man reist nicht um anzukommen, sondern um unterwegs zu sein«, hat Goethe gesagt. Nur zu schnell kommt man eh bei der Premiere an, und man will natürlich, daß sich viel, sehr viel für das Publikum vermittelt.

Menschen, die sich relativ gut kennen, treten einer Öffentlichkeit gegenüber, deren Mitglieder sich nicht kennen. Alle sind von allen abhängig. Jeder Spieler oben vom Mitspieler, von den Helfern hinter der Bühne, von den Zuschauern unten – die sind voneinander abhängig und abhängig auch von dem, was oben geschieht. Das Spiel beginnt.

Und was die Spieler an dichterischen Welten und Regiebemühungen in sich tragen und vortragen, es kommt zum Leben, wenn alle Vergangenheit und alle Zukunft wegfällt und der Schauspieler sich wieder und immer wieder in das Risiko des Jetzt fallen läßt – und ihm dann alles, was erarbeitet wurde, »einfällt« wie von selbst. Daraus gewinnt ein Theaterabend seine lebendige Kraft. Das ist die Wahrheit des Theaters. Natürlich ist diese Gegenwart nicht immer zu halten während einer Aufführung; aber das Suchen danach ist entscheidend.

Oft kommt diese tiefste, innerste Wahrheit an ganz unerwarteten Stellen zum Vorschein und jeden Abend wieder an einer anderen Stelle. Da spricht man dann wohl von Inspiration, und das sind die Momente des großen Erstaunens im Theater.

Es gibt weitere Wahrheiten, das Lebendige ist immer vielfältig, aber sie alle sind nichts ohne die erste. Die großen Bilder des Theaters blieben kalt und könnten sich gegen den Wust der elektronischen Abbildungen ohne diese Wahrheit nicht behaupten, die Hoffnung auf das Unschaubare käme nicht auf. Ohne diese Wahrheit bliebe die Sprache literarisch und könnte keine Ahnung vom Unaussprechlichen geben. Die Geschichte würde sich nicht erzählen, das Sich-Erkennen träte nicht ein, das Nachdenken über die Gesellschaft fände nicht statt, das Theater würde nicht zum Ort geistiger Begegnung.

Theater ist jetzt, es reflektiert den Menschen jetzt, es läßt die Gegenwart im Spiel so intensiv erfahren wie der Alltag nicht, weil wir da schon immer dem Kommenden verpflichtet oder dem Gewesenen verhaftet sind. Nach dem Jetzt ist es weg! Nur noch in mir wirkend, unsichtbar, unmeßbar. Oft ein Leben lang.

Aber wo finde ich das im Theater heute? Selten. Immer mal wieder, für eine kurze Strecke. Aber, es ist da. Theater trägt die Möglichkeit, den wahren Moment zu finden, immer in sich, und darum begeben sich die oft enttäuschten Theatermacher und Zuschauer mit jedem neuen Probenbeginn, mit jedem Theaterabend immer wieder auf die Suche – ein Stückchen der Insel der Seligen zu sichten. Doch es ist eine schwimmende Insel, immer wieder dort, wo und wie man sie nicht erwartet. Das ist fremd und anstrengend im Zeitalter des Konsums und der Normen. Aber es ist lebendig und darum lebens-not-wendig.

Alexander Pereira

Wir müssen künstlerisch und wirtschaftlich zugleich argumentieren

Frage*: *Wir sollten natürlich über Kunst sprechen und nicht über Geld oder Krise. Aber trotzdem: Was macht Theater, was macht ein Theaterleiter angesichts einer Situation, in der die Gesellschaft anscheinend nicht mehr fraglos bereit ist, Kultur wie bisher zu akzeptieren und zu finanzieren, wo Kulturpolitik zu einer Manövriermasse für Kameralisten wird und ein gefährlicher Gegensatz aufzubrechen scheint zwischen Politikern und Künstlern?*

Alexander Pereira: Man darf niemanden von vornherein verteufeln. Wir sollten uns vielmehr klar überlegen: Wo müssen wir mit unserer Argumentation ansetzen? Wie können wir entgegenwirken? Wir müssen meines Erachtens zweierlei deutlich machen. Zum einen nämlich den Mut haben, über Seele, Zartheit, Liebe, über all die offensichtlichen und verborgenen Zusammenhänge von Kunst zu reden; wir produzieren ja keine Waren oder Konsumgüter, das dürfen wir nicht vergessen. Zum andern muß man das Problem aber auch ganz wirtschaftlich behandeln. Nur dann, wenn man beides zusammenbringt, das Ideelle und das Wirtschaftliche, ist man glaubwürdig und hat eine Chance, durchzukommen.

Gerade diese beiden Betrachtungsweisen fallen oft doch kraß auseinander. Wie läßt sich das verhindern?

Die Kunst gehört für mich, wie die Liebe zwischen

---

* *Das Gespräch führte Hans-Klaus Jungheinrich.*

zwei Menschen, zu den konzentrischen Kreisen, die in der Lage sind, die Batterien unseres Lebens mit neuer Kraft aufzuladen. Zu den größten Leistungen, die Menschen jemals zustande brachten, gehören Musikwerke, und innerhalb der Musik wiederum gehören viele Opern zu den unbestrittenen, niemals veraltenden Meisterwerken. Für uns ergibt sich schon aus dem Generationenvertrag die Verpflichtung, diese Meisterwerke uns und unseren Kindern zu erhalten. Umsonst ist das natürlich nicht zu haben. Wir gehen ja auch nicht in den Louvre, packen die *Mona Lisa* und schmeißen sie in den Müll, weil die Versicherungsprämie so hoch ist.

Es ist klar, daß wir diese Tradition nur erhalten und weitergeben können, wenn wir ihre Vorbildfunktion anerkennen und der künstlerischen Höchstleistung des überlieferten Werks begegnen mit dem immer wieder aufs neue angespanntesten künstlerischen Ernst, dem Bemühen um größte Qualität. Nur das hat eine Ausstrahlung auf die Menschen. Es hat nur Sinn, ein Operninstitut oder ein Konzerthaus zu betreiben, wenn immer der Anspruch da ist, das höchstmögliche Niveau zu bieten. Es kann nicht immer alles gelingen, aber der Anspruch muß zumindest da sein.

Das ist sicher unbestritten. Aber jetzt wird das alles vielleicht zu teuer.

Was heißt: Es wird zu teuer? Das deutsche Gesundheitswesen gibt derzeit 350 Milliarden für die »Gesundheit« des Körpers aus, und mit zweifelhaften Ergebnissen. Zur selben Zeit gibt man für die Gesundheit oder Erfrischung des Geistes, also für Kultur, sieben Milliarden aus. Das ist doch eine merkwürdige Relation! »Mens sana in corpore sano« ist zwar eine geläufige Parole, aber handeln wir danach? In Wirklichkeit steht die geistige Auseinandersetzung, die heilende Berührung mit Kunst, nicht allzu hoch im Kurs. Man sollte nicht nur Geld haben für den kranken Körper, sondern schon vorher darein investieren, daß Körper und Geist gesund bleiben. Der Bühnenkünstler stirbt vor seinem Auftritt tausend Tode, aber dann schwingt er sich zu Höchstleistungen auf. So lehrt er auch den Zuschauer, die Angst zu besiegen und sein eigenes Problem am nächsten Tag zu meistern.

Und nun kommt der Politiker und sagt zum Theaterleiter: Jetzt spare! Genau das ist kurzsichtig. Man muß jeden Betrieb einzeln analysieren. Ein Wirtschaftsprüfer bei einem Unternehmen wird untersuchen: War man zu sehr auf Sparkurs, zu sehr auf Expansionskurs, gibt es zuviel Mitarbeiter, usw. Bei den meisten deutschen Theatern wird man feststellen, daß hier keineswegs die Mitarbeiter tonnenweise übereinandergeschichtet auf einigen Quadratmetern eine überflüssige Arbeit verrichteten. Im Gegenteil, es wird dort in der Regel äußerst rationell und mit geringen Mitteln gearbeitet.

Sie können dort nur noch im künstlerischen Bereich einsparen, und damit wird das Theater ruiniert. Wenn das Theater nicht mehr produziert, wenn die Abstände zwischen den Premieren zu groß werden, dann ist dem Theater im Grunde schon der Todesstoß versetzt. Theater muß sich täglich ereignen, im Gespräch und interessant bleiben. Eine bestimmte Frequenz ist nötig, beim Puls wie beim Theater: Wenn es nicht genügend »pocht«, stirbt der Körper, stirbt das Theater ab. Wenn mir ein Politiker sagt: Spare fünf Millionen! dann verliere ich sieben Millionen an Kartenerlösen.

Ein kleines Rechenbeispiel: Ich spiele *Lucia di Lammermoor*, einmal mit einem Weltstar, ein anderesmal mit einer unbekannten Sängerin. Die Aufführung mit der unbekannten Sängerin hat eine Platzausnutzung von 80 Prozent, Einnahmen 80000 Franken. Der Weltstar bringt bei ausverkauftem Haus 140000 Franken Einnahmen. Die Differenz zwischen den beiden Gagen beträgt 15000 Franken, das heißt, ich habe mit der teureren Vorstellung 45000 Franken verdient. Das heißt nicht, daß Attraktivität und Qualität immer zusammenfielen oder daß jeden Abend Weltstars auftreten müßten. Ich wollte nur ein Beispiel dafür geben, daß Investitionen sich auszahlen.

Machen es die Opernhäuser heute grundfalsch, wenn sie die Zahl ihrer Premieren und Vorstellungen unterm Sparzwang drastisch vermindern? Ihre Strategie läuft ja auf das glatte Gegenteil hinaus. Funktioniert das?

Aber sicher! Es rechnet sich absolut. Es ist ja auch ganz logisch. Wenn ich elf Premieren pro Jahr mache, dann kommen die Leute elfmal, wenn ich nur fünf habe, dann kommen sie nur fünfmal. Auch die Politiker identifizieren sich eher mit einem Theater, wo ständig etwas los ist, als mit einem, das die halbe Woche geschlossen ist. Ich halte am Zürcher Opernhaus also eisern 260 Vorstellungen pro Jahr, was übrigens auch viel sozialer ist, weil dann 250000 Menschen jährlich in die Oper gehen, während es bei 80 Vorstellungen weniger als 80000 wären.

Sie plädieren also für Repertoiretheater, nicht für Stagionebetrieb in der Oper?

Wenn die noch bestehenden Repertoiretheater auf Stagione umstellen, dann wird die Oper in zehn Jahren keinen Nachwuchs mehr haben. Eine einfache Rechnung dazu: Wenn Sie für eine Oper 10 Sänger benötigen und 260 Vorstellungen im Jahr haben, dann gibt es damit 2600 Sängerauftritte. Bei 80 Vorstellungen sind es nur noch 800. Sie verlieren also 1800 Sängerauftritte. Wenn das an vier Bühnen passiert, fallen 7200 Sängerauftritte weg, das sind 300 Sängerarbeitsplätze jährlich. Dann ist die gesamte Opernlandschaft bald verödet. Schon jetzt ist die Chance für junge Sänger, engagiert zu werden, sehr klein geworden. Wenn sich das dramatisch zuspitzt, wird niemand mehr Operngesang studieren wollen.

Das sind eindrucksvolle Zahlen und beklemmende Perspektiven. Armes Deutschland! Aber können Sie wirklich auch für die deutsche Situation sprechen? Ist hier in der Schweiz, in Zürich, nicht alles doch ganz anders, nämlich noch »heile Welt«?

Was heißt »heile Welt«? Es ist sicher noch ein Platz mit angenehmer, familiärer Atmosphäre, aber es wird beinhart gearbeitet. Jeder weiß, daß er hier die Leute von der Existenzberechtigung des Theaters überzeugen muß. Wir werden in diesem Jahr eine Eigenwirtschaftlichkeit von 38 Prozent erreichen. Das ist ein sehr hoher Anteil, der höchste, den ein subventioniertes Theater in Europa erwirtschaftet! Als ich das Haus vor drei Jahren übernahm, hatte es eine Platzausnutzungsquote im Bereich Oper von 79 Prozent, heute sind es 87 Prozent. Ich glaube schon, daß man so ein Haus auch wirtschaftlich führen muß. Ich habe gesagt: attraktivere Vorstellungen bringen mehr Leute in die Oper. Ich habe in der Rezession die Preise zweimal erhöht. Das Publikum ist diesen Weg mitgegangen. Wir haben in drei Jahren durch erhöhte Platzausnutzung und höhere Eintrittspreise unsere Einnahmen verdoppelt. Die Preiserhöhungen betrafen übrigens die oberen Kategorien; in den unteren sind wir gleichgeblieben.

Das scheint mir nicht unwichtig.

Die Unternehmen müssen bereit sein, aus ihren Gewinnen größere Anteile als bisher abzugeben, um ihren Mitarbeitern eine lebenswerte Zukunft zu sichern. Das Sponsoring wird somit eine wichtige Säule bei der Finanzierung dieser Werte bilden. Darüber hinaus wird jeder einzelne von uns sicherlich mehr persönliche Opfer bringen müssen. Es ist auch unsere Aufgabe als Theaterleiter, Verständnis dafür zu wecken, daß die Wahrnehmung kultureller Interessen eben auch ans eigene Portemonnaie geht. Die Finanzprobleme der öffentlichen Haushalte werden bleiben. Wir müssen aber dafür kämpfen, daß sich die öffentliche Hand nicht zurückzieht. Sie bekommt das Geld treuhänderisch vom Steuerzahler. Daß die Erhaltung der Kultur Wille des Steuerzahlers ist, dafür hat das Opernhaus Zürich den Beweis erbracht.

In einer Volksabstimmung waren die Bürger des Kantons Zürich aufgerufen, für ihr Opernhaus zu stimmen. Diese Abstimmung wurde gewonnen. Ich erwarte mir davon eine große Signalwirkung für ganz Europa. Gnade den Politikern, die es wagen, an den Werten der Kunst zu rütteln!

Ulrich Greb

Über die Notwendigkeit der Liebe

Die gegenwärtige Finanzkrise, die die Theater in ihrer Existenz bedroht, hat für mich – so merkwürdig das klingen mag – durchaus auch ihre positiven Aspekte. Sie zwingt die Theaterschaffenden, sich intensiv mit ihrem Medium, ihrer Kunst auseinanderzusetzen und wieder grundsätzliche Fragen zu stellen: Warum machen wir Theater? Für wen? Was wollen wir, was haben wir zu sagen?... Erstaunlicherweise scheint das nicht wenige Theaterleute eher zu verunsichern. Wie paralysiert stehen sie vor der nun öffentlich gestellten Frage, die doch eigentlich von den Künstlern zuallererst selbst und immer wieder neu gestellt werden müßte.

Statt dessen führt die schwierige Situation oft zu dem verzweifelten Versuch, den Status quo zu halten; man läuft einem vermeintlichen Publikumsinteresse hinterher, setzt allerorten Musicals auf die Spielpläne, entschärft die Programme, um einer Publikumskritik und der damit verbundenen Angst vor Abwanderungen zu entgehen. Interessant in diesem Zusammenhang ist für mich der Film »Schindlers Liste« von Unterhaltungsmegastar Steven Spielberg, der – von Hollywood dekoriert und kanonisiert – vorführt, daß Kino durchaus gesellschaftspolitisch Stellung beziehen kann (sic!) und daß das – ironischerweise – auch noch gewinnträchtig zu werden verspricht. Vielleicht werden wir im Zuge dieser »Bewegung« in ein, zwei Jahren auch plötzlich wiederentdecken, daß Theater durchaus zur Auseinandersetzung mit gesellschaftspolitischen Themen taugt und daß das die Zuschauer womöglich auch noch interessieren könnte. – Hoffentlich ist es dann nicht zu spät.

Aus dem »Luxus« meiner ungesicherten Beschäftigungssituation heraus sind mir viele der genannten Probleme und Reaktionen nicht recht verständlich. Natürlich kostet Theater Geld. Die Diskussion um die Existenzberechtigung der Theater aber von Finanzpolitikern bestimmen zu lassen käme einem Offenbarungseid gleich. Die Notwendigkeit des Theaters muß von der Bühne herunter wieder behauptet werden, und zwar jeden Abend neu, an jedem Theater. Theater ist für mich ein ausgezeichnetes und eigenartiges Medium, die Auseinandersetzung und Reibung des einzelnen mit sich und mit seiner gesellschaftlichen Umgebung in dem Paradox eines künstlerischen Gruppenprozesses auszuloten. Und da das wiederum in einem direkten, öffentlichen Vorgang zu sehen ist, können in den besten Momenten zwischen Bühne und Publikum ganz frappierende Gemeinsamkeiten im Wahrnehmen und Empfinden entstehen, die ein zweites Paradox des Mediums offenbaren: Theater wird (wenn es gelingt) zu einem individuellen Gruppenerlebnis.

In den letzten drei Jahren haben wir aus der Unzufriedenheit heraus, an Stadttheatern nicht genügend themen- und projektbezogen arbeiten zu können, immer wieder in Sommerpausen aus dem Nichts heraus Theaterprojekte organisiert. Aus dem gesamten Bundesgebiet haben SchauspielerInnen, Bühnen- und KostümbildnerInnen etc. auf dem Gelände der stillgelegten Meidericher Eisenhütte in Duisburg neben der Auseinandersetzung mit den Stoffen auch an der Entwicklung von theatralischen Erzählweisen gearbeitet. Auf diese Weise sind bis jetzt drei Produktionen entstanden: *Vogel-kleist* – ein Kleist-Abend, der sich mit dem gemeinsamen Freitod von Henriette Vogel und Heinrich von Kleist auseinandersetzte –, *Alkestis* nach Euripides und *Hyperion* von Hölderlin. Für die Beteiligten hatten diese Projekte etwas von einem »mentalen Überlebenstraining«, um den oftmals nicht befriedigenden Stadttheateralltag besser zu ertragen. Für jedes Projekt mußte neu um die Finanzierung gekämpft werden. Deutschland hat das am höchsten subventionierte Theater der Welt. Warum ist es in diesen Strukturen für engagierte Theaterleute so schwer, einen Ort zu finden? Wo sitzen die Berührungsängste? Eine Zensur findet nicht statt... Warum fehlt in den Stadttheatern häufig der Mut für ungewöhnliche Arbeitsweisen oder Interpretationen von Stücken? Dabei bin ich überzeugt, daß die Strukturfrage letztlich sekundär ist. Natürlich gibt es Zwänge, die eine künstlerische Arbeit behindern oder unmöglich machen können. Denen bin ich allerdings auch in der sogenannten »freien Szene« begegnet, vor allem in Form finanzieller und ideologischer Engführungen.

In meiner letzten Inszenierung *Torquato Tasso* am *Deutschen Theater* Göttingen habe ich zum ersten Mal versucht, die Arbeitsweise der freien Projekte auf die Stadttheaterarbeit zu übertragen. Ich mußte jedoch feststellen, die befürchteten Schwierigkeiten entstanden keineswegs in der Arbeit mit den Schauspielern. Immer wieder wurde ich mit den hartnäckig von Theaterleuten vertretenen Behauptungen konfrontiert: »Das kann der Zuschauer nicht verstehen, damit ist er überfordert. Das Abonnentenpublikum sieht sich das nicht an.« Wer aber ist dieser »Zuschauer«? Ein Phantombild der Theatermacher oder ihr eigenes Spiegelbild? Mein Eindruck ist, daß sich das Publikum oftmals in Vorstellungen eher unterfordert fühlt und mit großer, fast beschämender Nachsicht den Akteuren auf der Bühne zusieht: »So ist eben Theater, ein bißchen langsam und langweilig.«

Für mein Empfinden müßte von den Theatern viel stärker der Kontakt zum Publikum gesucht werden, nicht anbiedernd, sondern als Auseinandersetzung mit einem ernstzunehmenden Partner. Erstaunlicherweise passiert das meistens dort, wo mit Engagement und Kraft eine neue Leitung antritt und das Bedürfnis hat, sich in der Stadt vorzustellen. So gesehen im *Theater am Neumarkt* in Zürich, *Theater Freiburg*, *Schauspielhaus Hamburg*, *Volksbühne Berlin* – und die Zuschauer kommen!

Wenn ich das schreibe, fällt mir Peter Brook ein, der in seinem Buch *Der leere Raum* bereits vor 26 Jahren eine Beschreibung der Theatersituation gegeben hat, die sich fast identisch auf die heutige Situation übertragen ließe. Was ich damit sagen will, ist, daß zur Frage, ob wir Theater brauchen, wir uns manchmal auch nur erinnern müßten, an den Weg, den wir gekommen sind und auf dem vor uns schon so viele gegangen sind und immer wieder auch herausragende Positionsbestimmungen entstanden sind. All diese unterschiedlichen Texte haben aber eines gemeinsam: Sie sind durchdrungen von einem tiefen Glauben an die Möglichkeit und Notwendigkeit von Theater, und diese innere Überzeugung, Besessenheit und Verzweiflung überträgt sich auch auf den Leser. Ich bin sicher, daß ohne dieses innere Feuer Theater nicht stattfinden kann. Wer nach zehn, zwanzig, dreißig oder vierzig Jahren Theaterarbeit diese künstlerische Obsession unterwegs irgendwo verloren hat – und es ist bestimmt nicht einfach, sie nicht zu verlieren –, erscheint mir wie jemand, der die Liebe verloren hat.

In meinem Traum wäre es ganz einfach: Ein Ensemble, das zusammenarbeiten möchte. Ein Spielplan, der sich an gesellschaftlichen Themen reibt. Ein Publikum, das etwas sehen und erleben möchte. Eine Organisationsstruktur, die an den Bedürfnissen des Theaters orientiert ist, in dessen Zentrum die Aufführung, in deren Zentrum wiederum der Schauspieler steht. Nur von hier aus ist es sinnvoll, über Veränderungen in den Stadttheaterstrukturen zu diskutieren.

Das Theater hat von jeher in seiner Arbeitsstruktur etwas von den spätmittelalterlichen Bauhütten gehabt, die als Werkstattvereinigung mit der Planung und dem Bau von Kirchen beauftragt waren. Daß auf der Bühne in einem einzigartigen Gruppenprozeß Kunst entsteht und keineswegs Produkte einer entlegenen Abteilung der Unterhaltungsindustrie, dieses Selbstverständnis und Selbstbewußtsein muß sich bei den Theaterleuten wieder durchsetzen. Dabei bleibt das Theater natürlich ein anachronistisches Medium, ein Medium, das aus der Zeit gefallen ist, aber genau dort liegt auch seine Qualität: quer zur Zeit, mit verschobener Perspektive auf Realität zu blicken. Und auch mit den Auswüchsen simulierter und virtueller Welten wird das Theater umgehen können, da es auf dem Gebiet von Schein und Sein ohnedies Hausrecht besitzt.

Die Möglichkeiten und Grenzen des Theaters finde ich sehr treffend im Bild einer alten chassidischen Geschichte wieder, nach der ein heiliger Mann in einen Wald geht, dort an einer bestimmten Stelle ein Feuer entzündet und ein Gebet spricht, zur Erlösung der Welt. Jahre danach geht einer seiner Schüler zu der Stelle im Wald, weiß aber nicht mehr, wie er das Feuer anzünden soll, und spricht nur das Gebet. Wieder Jahre später hat der nächste Schüler das Gebet vergessen und weiß nicht, wie er das Feuer anzünden soll, aber er weiß die geheime Stelle im Wald. Sehr viele Jahre darauf kommt schließlich ein Schüler, der sagt: »Ich weiß nicht, wie man das Feuer anzündet, ich kenne die Worte des Gebets nicht, noch nicht einmal kann ich die Stelle im Wald finden. Ich kann nur noch die Geschichte erzählen, und das muß reichen.« Ohne Geschichte und Geschichten verlieren wir die Erinnerung. Doch, so Peter Weiss: »Wer sich nicht an die Vergangenheit erinnert, wird gezwungen, sie wieder zu erleben.«

Autoren- und Quellenhinweise

Manfred Beilharz ist nach Stationen in Freiburg und Kassel seit vier Spielzeiten Intendant des Schauspiels in Bonn. Beträchtliches Renommee verschaffte er seinem Haus nicht zuletzt durch die von ihm maßgeblich initiierte »Bonner Biennale«, ein internationales Festival neuer Autoren und Spielformen.

Kollektives Selbstbewußtsein, ›Frankfurter Rundschau‹, 19. März 1994

Rolf Bolwin ist Direktor des Deutschen Bühnenvereins in Köln.

Überwindung der Sprachlosigkeit, ›Frankfurter Rundschau‹, 22. April 1994

Michael Eberth ist Chefdramaturg am Deutschen Theater in Berlin.

Vom sprachlosen Richter, ›Frankfurter Rundschau‹, 5. April 1994

Peter Eschberg ist Intendant des Schauspiels in Frankfurt am Main.

Allabendlich immer wieder eine unberechenbare Liebesgeschichte, ›Frankfurter Rundschau‹, 5. Februar 1994

Jürgen Flimm ist Intendant des Thalia Theaters in Hamburg.

Die Dämonen verjagen, ›Frankfurter Rundschau‹, 12. März 1994

Ulrich Greb hat während der vergangenen vier Jahre auf dem Gelände der stillgelegten Meidericher Eisenhütte in Duisburg mehrere freie Theaterprojekte realisiert, zuletzt, im Herbst 1994, eine Version von Shakespeares »Der Sturm«. Am Deutschen Theater in Göttingen kam Ende 1994 Grebs Inszenierung von Edward Bonds »Die See« heraus.

Über die Notwendigkeit der Liebe, unveröffentlicht

Peter Iden ist Theater- und Kunstkritiker, Ressortleiter Feuilleton der »Frankfurter Rundschau«.

Theater ist Utopie, ›Frankfurter Rundschau‹, 11. Januar 1994

H.-Dieter Jendreyko ist in den vergangenen fünfundzwanzig Jahren an vielen deutschsprachigen Theatern als Schauspieler und Regisseur tätig gewesen. Er lebt in Basel und leitet das von ihm dort gegründete OD-Theater, eine freie Gruppe, die sich für ihre Produktionen wechselnde Spielorte sucht.

Es geht um die Wahrheit des Augenblicks, ›Frankfurter Rundschau‹, 14. Mai 1994

Ulrich Khuon leitet das Schauspiel des Niedersächsischen Staatstheaters in Hannover.

Brennend, aber nicht verzehrt, ›Frankfurter Rundschau‹, 3. Juni 1994

Michael Leinert ist Intendant des Kasseler Staatstheaters.

Theater als Fast-food-Bude?, ›Frankfurter Rundschau‹, 30. April 1994

Alexander Pereira ist Intendant des Opernhauses in Zürich. Hans-Klaus Jungheinrich, der das Gespräch mit Pereira führte, ist Musikkritiker und Feuilleton-Redakteur der ›Frankfurter Rundschau‹.

Wir müssen künstlerisch und wirtschaftlich zugleich argumentieren, Ein Gespräch mit Hans-Klaus Jungheinrich. ›Frankfurter Rundschau‹, 13. Juni 1994

Friedrich Schirmer und Frank M. Raddatz: Schirmer war jahrelang erfolgreich tätig an den Städtischen Bühnen Freiburg, wurde zu Beginn der Spielzeit 93/94 Schauspieldirektor am Württembergischen Staatstheater Stuttgart. Raddatz arbeitet als Dramaturg am gleichen Haus.

Wir sind kein subventionierter Tingeltangel, ›Frankfurter Rundschau‹, 5. März 1994

Thomas E. Schmidt lebt als freier Publizist in Hamburg.

Sechs Thesen zum deutschen Theater. Zusammenfassung

des Beitrags *Die subventionierte Avantgarde. Anmerkungen zur Krise des deutschen Theaters*, ›Frankfurter Rundschau‹, 8. Januar 1994

Christoph Schroth übernahm mit Beginn der Spielzeit 93/94 die Leitung des Theaters in Cottbus, der einzigen brandenburgischen Staatsbühne. Er war zuvor Intendant und Regisseur in Schwerin und am Berliner Ensemble. In der DDR galt seine Arbeit als regimekritisch. Dem Theater in Cottbus gewann er Ende 1993 überregionale Aufmerksamkeit durch ein »Deutsches Wochenende«, ein mehrteiliges Programm von Aufführungen an verschiedenen Orten der Stadt, das unter dem Titel »1. Zonenrand-Ermutigung« firmierte. Dazu hatte Schroth Inszenierungen von Heiner Müllers »Umsiedlerin« und Schillers »Räubern« beigesteuert.

Zusammen-Erleben, ›Frankfurter Rundschau‹, 12. Februar 1994

Johannes Schütz ist einer der bekanntesten deutschen Bühnenbildner. An der Hochschule für Gestaltung in Karlsruhe leitet er den Fachbereich Szenographie.

Welches Theater – das ist die Frage, ›Frankfurter Rundschau‹, 7. Mai 1994

Frank-Patrick Steckel leitet seit 1986 das Schauspielhaus Bochum.

Die »Gegenwart« ist zur Herrschaft gelangt, ›Frankfurter Rundschau‹, 26. März 1994

Peter Stoltzenberg ist seit mehr als zwei Jahrzehnten Intendant und Regisseur des Drei-Sparten-Theaters der Stadt Heidelberg.

Kunst ist immer ein Ärgernis, ›Frankfurter Rundschau‹, 26. Februar 1994

Eberhard Witt und Klaus Völker: Witt ist Intendant des Residenztheaters in München. Völker, einer der erfahrensten deutschen Dramaturgen und als solcher auch Berater von Witt, leitet die Schauspielschule Hans Busch in Berlin-Ost.

Über Ensemble und Repertoire, ›Frankfurter Rundschau‹, 9. April 1994

Der Herausgeber dankt seinen Redaktionskollegen für deren Unterstützung.

suhrkamp taschenbücher
Eine Auswahl

265/1/11.93

suhrkamp taschenbücher
Eine Auswahl

suhrkamp taschenbücher
Eine Auswahl

265/3/11.93

suhrkamp taschenbücher
Eine Auswahl

suhrkamp taschenbücher
Eine Auswahl

265/5/11.93

suhrkamp taschenbücher
Eine Auswahl